PAUL GUIRAUD

Maître de conférences à l'École normale supérieure
Professeur adjoint à la Faculté des lettres de Paris

FUSTEL DE COULANGES

PARIS
LIBRAIRIE HACHETTE ET Cie
79, BOULEVARD SAINT-GERMAIN, 79

1896

FUSTEL DE COULANGES

Ln27.
46022

DU MÊME AUTEUR

Le différend entre César et le Sénat (59-49 av. J.-C.); Paris, Hachette, 1878. (Épuisé)

La propriété foncière en Grèce jusqu'à la conquête romaine; Paris, Hachette, 1893. 10 fr.
Ouvrage couronné par l'Académie des sciences morales.

Les assemblées provinciales dans l'Empire romain; Paris, Colin, 1887. 7 fr. 50
Ouvrage couronné par l'Académie des sciences morales.

Coulommiers. — Imp. PAUL BRODARD. — 433-96.

PAUL GUIRAUD

Maître de conférences à l'École normale supérieure
Professeur adjoint à la Faculté des lettres de Paris

FUSTEL DE COULANGES

PARIS

LIBRAIRIE HACHETTE ET Cie

79, BOULEVARD SAINT-GERMAIN, 79

1896

Droits de traduction et de reproduction réservés.

AVERTISSEMENT

Je dois des remerciements particuliers à Madame Fustel de Coulanges qui, avec une confiance dont je lui suis très reconnaissant, a bien voulu mettre à ma disposition tous les papiers de son mari, — à M. Perrot qui m'a communiqué un certain nombre de lettres écrites par M. Fustel de 1860 à 1870, — à MM. Boissier et Himly qui m'ont fourni aussi deux lettres intéressantes de leur ami, — enfin à M. Paul Dupuy qui a eu la complaisance de réunir pour moi d'utiles renseignements sur le double séjour que fit M. Fustel à l'École normale, d'abord comme élève, puis comme directeur. Ces divers documents m'ont aidé à compléter sur quelques points ce que l'on savait déjà de la vie et des pensées du grand historien.

FUSTEL DE COULANGES

CHAPITRE I

Les débuts (1830-1860).

M. Fustel de Coulanges (Numa-Denys) naquit à Paris le 18 mars 1830, d'une famille d'origine bretonne. Ceux qu'intéressent ces sortes de problèmes se demanderont peut-être par quels traits intellectuels et moraux il rappelle la Bretagne. En dehors d'une certaine obstination, timide dans la forme, mais très ferme dans le fond, il n'apercevait rien en lui-même qui fût spécialement breton, et j'avoue que, dans une matière aussi délicate, je ne me pique pas d'être plus perspicace que lui. Son père, lieutenant de vaisseau en retraite, étant mort quelques mois après sa naissance, ce fut son grand-père qui dirigea son éducation avec un zèle dont M. Fustel le louait encore vers la fin de sa vie. Il n'était pas moins reconnaissant envers M. Massin, qui, en l'accueillant dans son institution, avait fourni à l'écolier sans fortune le moyen de suivre les classes du lycée Charlemagne [1].

Il entra à l'École normale en 1850, dans un rang médiocre. Déjà sa vocation historique était parfaitement arrêtée. En seconde et en rhétorique, il s'était nourri des admirables leçons de Guizot sur la *Civilisation en France*, et il en avait éprouvé une forte impression; il disait plus tard que ce livre « était le premier qui eût vivement frappé son esprit [2] ».

L'École normale se trouvait alors assujettie au régime de défiance que lui imposait le parti rétrograde, tout-puissant dans l'Assemblée législative. Quoiqu'elle n'eût jamais été « plus

1. « C'est à cet homme excellent, disait-il, que je dois mon instruction. »
2. Lettre du 22 mars 1865 à M. Perrot.

calme, mieux disciplinée, plus laborieuse [1] », elle s'était vu enlever au mois de juillet précédent son directeur, M. Dubois, de qui le gouvernement ne pouvait attendre la moindre complaisance pour l'exécution de ses desseins; car on savait « qu'il était un point où le respect de la liberté lui paraissait chose sainte et sacrée, c'était en tout ce qui touche aux droits de la conscience religieuse ou philosophique [2]. » Il fut remplacé par M. Michelle, ancien élève du petit séminaire de Saint-Nicolas-du-Chardonnet, catholique ardent et sincère, très lié jadis avec le cardinal de Rohan, qui avait essayé de l'entraîner dans le clergé.

M. Michelle eut pour consigne de rendre l'École « chrétienne », et cette tâche répondait si bien à ses convictions intimes qu'il y apporta toute la résolution qu'exige l'accomplissement d'une mission religieuse. Bientôt débarrassé de son sous-directeur, M. Vacherot, puis, après le 2 décembre 1851, vigoureuse-

1. Vacherot, dans le *Compte rendu des séances de l'Académie des sciences morales*, t. CIII (1875), p. 581.
2. *Ibid.*, p. 577.

ment encouragé par le ministre Fortoul, il appliqua dans toute leur rigueur, s'il ne les inspira pas, le décret du 10 avril 1852 et les règlements des 15 et 16 septembre, qui inauguraient à l'École ce qu'on a appelé « l'ère de la mortification », et qui avaient pour but avoué de faire de ces trois années d'études « un pénible noviciat », d'où sortiraient « de modestes professeurs », dépourvus de toute indépendance de pensée et de toute ambition intellectuelle [1].

M. Fustel n'était guère d'humeur à accepter une pareille servitude. S'il se résigna, par prudence, à courber la tête, s'il garda jusqu'au bout les apparences de la docilité [2], il s'arrangea de manière à assurer autant que possible la liberté de son travail. Attaché au service de

1. La plupart de ces détails sont tirés d'une notice publiée par M. Gréard dans le *Centenaire de l'École normale* sur « La crise de 1850 ».

2. En 1852, trois élèves de sa promotion (dont un était M. Accarias) furent arbitrairement renvoyés de l'École. On lit à ce sujet dans les notes trimestrielles d'un surveillant : « M. Fustel s'est montré ému de l'exclusion de ses camarades, et peu convaincu de la légitimité de cette mesure. Est-ce un indice que, s'il s'est soumis, ce n'est pas sans faire des réserves? Je m'abstiens de me prononcer. »

la bibliothèque, et éloigné par là des salles communes, il était mieux placé que ses camarades pour échapper à toute inquisition, pour distribuer son temps à sa guise, surtout pour lire les ouvrages que l'administration avait en suspicion, et elle tenait pour suspects tous ceux qui éveillaient l'intelligence.

Il usa largement de ce privilège. D'ailleurs les professeurs eux-mêmes étaient presque tous les complices des élèves. « Ils n'encouragent pas publiquement nos résistances, écrivait Prévost-Paradol, mais ils ne les combattent pas non plus, et je crois bien qu'au fond ils y applaudissent [1]. » On avait beau destituer M. Jules Simon pour refus de serment, et écarter M. Berger, accusé d'être républicain; le vieil esprit libéral de la maison subsistait en dépit de tout. C'est une entreprise chimérique que de vouloir soumettre ces jeunes gens d'élite au joug d'un dogmatisme qu'ils répudient. Le seul enseignement qu'ils tolèrent est celui qui les pousse à la réflexion et qui favorise le

1. *Le Centenaire de l'École normale*, p. 296.

plein développement de leurs facultés. En vain le ministre et son représentant prescrivaient-ils d'éviter en histoire « toute recherche d'érudition », et de s'attacher en philosophie aux doctrines « les plus approuvées ». On laissait dire M. Michelle et M. Fortoul, et chacun suivait, non pas la volonté de ses chefs, mais ses inclinations naturelles.

Le régime nouveau ne fit violence aux normaliens que sur un point. Les agrégations spéciales ayant été supprimées, ils durent tous prendre part aux mêmes exercices et fabriquer sans relâche des dissertations latines et françaises, des vers latins, et des thèmes grecs. Cette culture purement formelle de l'esprit répugnait à beaucoup d'entre eux[1], et M. Fustel était du nombre. Arrivé à l'École avec une prédilection bien décidée pour l'histoire, il regrettait les heures qu'il n'y consacrait pas. Les règlements officiels et la préoccupation de

1. Lettre de Prévost-Paradol à Taine (21 février 1852) : « Il y a de quoi rendre fous ceux que ce régime n'abrutit pas... Je voudrais bien sauver à la hâte, par des études plus libérales, ce qui me reste d'intelligence, le peu de force et d'élévation d'esprit qui a jusqu'à présent échappé. » (Gréard, *Prévost-Paradol*, p. 191.)

son avenir professionnel le forcèrent de se plier à la contrainte qui pesait sur tous. Mais il est visible qu'il se déroba le plus possible à des obligations qui n'étaient pas de son goût. Ses professeurs de littérature ne constatèrent jamais chez lui de progrès bien sensibles, et plus d'un devina qu'il ne leur sacrifiait qu'une faible partie de son activité. En revanche, il réussit d'emblée à se signaler par ses aptitudes historiques. Il avait déjà l'amour des recherches approfondies, le souci de remonter aux sources, l'ambition de s'attaquer aux questions ardues, et si on lui reprochait parfois d'obéir à l'esprit de système, ce défaut n'était guère que l'exagération d'une qualité peu vulgaire [1].

1. Jugement de M. Chéruel sur M. Fustel en 1851 : « Ses devoirs écrits attestent des connaissances étendues, une lecture attentive des sources, une intelligence historique remarquable. Mais il y a quelquefois dans ses compositions tendance à l'esprit de système ou à la confusion. Sa parole manque de netteté. » Le même professeur disait en 1852 : « M. Fustel ne sait pas assez le cours et ne paraît pas assez pénétré de la nécessité de le savoir. Il donnerait volontiers tout son temps à des recherches d'érudition, et il néglige l'essentiel, l'indispensable, c'est-à-dire ce qu'il doit savoir pour l'examen et ce qu'il doit un jour enseigner aux élèves. » Voici, à titre de curiosité, l'appréciation générale que portait sur lui en 1853 M. Jacquinet, à la fois professeur de littérature française et directeur des

Malgré les circonstances défavorables où il se trouvait, ses trois années d'École furent très fécondes pour lui. Il se plut à le déclarer en ces termes devant ses confrères de l'Institut, lorsqu'il inaugura ses fonctions de président le 21 avril 1888 : « M. Vacherot ne traitait pas avec nous telle ou telle science; mais... sa seule présence parmi nous nous disait qu'il faut penser librement et marcher droit dans la vie. M. Chéruel nous enseignait les conditions rigoureuses par lesquelles on obtient l'exactitude; il nous habituait à aimer la vérité, quelle qu'elle puisse être, conforme ou contraire à nos opinions personnelles, à la chercher sans idées préconçues, à la voir telle qu'elle est et non pas telle qu'on désire qu'elle soit.... M. Jules Simon m'a expliqué, il y a trente-huit ans, le *Discours de la méthode* de Des-

études : « Esprit assez vif, mais léger, sautillant. Tous les efforts de ses maitres pour lui donner ce qui lui manquait, le jugement, la netteté, la méthode, n'ont qu'imparfaitement réussi. Il se perd dans les subtilités et les divagations, ou bien, quand il se surveille et fait effort pour se contenir et se conduire, il tombe dans une sécheresse voisine de la stérilité et se réduit presque à néant. Ses études, son éducation sont loin d'être finies. »

cartes; de là sont venus tous mes travaux; car ce doute cartésien qu'il avait fait entrer dans mon esprit, je l'ai appliqué à l'histoire [1]. »

Il est encore une influence qui agit alors sur lui, bien qu'il ne l'ait pas mentionnée, c'est celle de Bacon. J'ignore si M. Fustel avait beaucoup pratiqué le *Novum organum*; mais il est indubitable que ce qu'il savait des doctrines du penseur anglais l'avait vivement séduit et qu'il n'hésitait pas à le placer au-dessus même de Descartes. C'est à lui principalement qu'il attribuait le mérite d'avoir fondé la philosophie moderne par la création de la méthode propre aux sciences d'observation. Quelques pages qu'il écrivit sur lui à l'École normale sont un perpétuel dithyrambe en son honneur. On y sent à chaque ligne l'admiration enthousiaste d'un disciple pour le maître préféré. On croirait presque entendre Lucrèce saluant dans Épicure un bienfaiteur de l'humanité.

Au mois de novembre 1853, M. Fustel de

1. *Compte rendu de l'Académie des sciences morales*, t. CXXX, p. 300-301.

Coulanges partit pour l'École d'Athènes. Il n'apporta en Orient ni le dilettantisme d'un touriste, ni la curiosité d'un archéologue; il y fut simplement historien. Ses fouilles de Chio furent peu fructueuses. Par contre, il explora avec soin le pays, il recueillit sur place de précieuses informations [1], il y consulta des documents rares ou inédits, et de là sortit un long mémoire sur l'histoire de l'île.

C'est un travail excellent de tous points, complet, véridique, bien ordonné, remarquable par la justesse et la précision du style, bourré de faits et d'idées, mais sans surcharge, où perce par endroits une pointe d'originalité et de paradoxe. Chose singulière! la pensée qui d'un bout à l'autre guide l'auteur est une de celles qu'il repoussa dans la suite avec le plus d'énergie. D'après lui, les Chiotes ont toujours conservé à travers les âges les mêmes traits de caractère. Les guerres, les révolutions, la domination étrangère, rien n'a pu les changer, et

1. Les entretiens qu'il eut avec les habitants lui apprirent qu'en 1822, au moment de l'insurrection grecque, les Chiotes firent une tentative pour se donner à la France. (*Questions historiques*, p. 394.)

ils ont paru sous les Génois et sous les Turcs tels qu'ils étaient déjà dans l'antiquité la plus reculée, sages, positifs, laborieux, âpres au gain, et probes, au moins par calcul. M. Fustel cessa bientôt de croire à cette permanence des qualités et des défauts chez les peuples; il se persuada de plus en plus que leur tour d'esprit et leur manière de sentir étaient l'œuvre à peu près exclusive du temps, et que l'état moral de la race, loin de demeurer immuable, se modifiait constamment sous l'action des événements.

Après son retour de Grèce, il fut nommé professeur de seconde au lycée d'Amiens (juillet 1855). Là, il se vit forcé de se préparer à l'agrégation des lettres, la règle interdisant alors de passer cet examen à la sortie de l'École normale; il fut reçu en 1857, après un premier échec. Une fois agrégé, on le transféra dans la chaire d'histoire, et le 10 avril 1858 il soutint à Paris ses thèses de doctorat. La thèse latine avait pour titre : *Quid Vestæ cultus in institutis veterum privatis publicisque valuerit.* C'est assez la vanter que rappeler qu'elle renferme en raccourci toute la *Cité antique*. Quant à la thèse française sur Polybe, elle avait pour objet de montrer « comment au IIe siècle avant Jésus-Christ le cœur d'un Grec était disposé à se laisser conquérir et comment Rome faisait ses conquêtes ». Un témoin oculaire atteste que le candidat se défendit vaillamment et que la Faculté loua fort « la solidité de son érudition, le choix de ses preuves, la clarté et la fermeté de ses pensées et de son style, la facilité de sa parole[1] ».

Quelle qu'en soit la valeur, l'étude sur Polybe trahit encore l'inexpérience d'un débutant. Représenter le corps hellénique comme divisé à cette époque entre deux confédérations hostiles, l'une, la ligue achéenne, aristocratique et amie de Rome, l'autre, la ligue étolienne, démocratique et amie de la Macédoine, c'est jeter la lumière sur cette histoire si confuse, mais c'est aussi la fausser par l'esprit de système. Un examen plus attentif conduit en effet à cette conclusion que ces deux états « n'ont

1. *Journal de l'instruction publique*, 19 et 22 mai 1858.

pas été des associations fondées pour grouper les partisans de deux sectes politiques », qu'ils eurent des institutions à peu près analogues, et que leur rivalité ne fut pas « un antagonisme de principes[1] ». J'ajoute que M. Fustel, sans méconnaître absolument la partialité de Polybe, incline un peu trop à le croire sur parole. Il oublie que ce dernier, avant d'être historien, a été intimement mêlé aux luttes des factions, que ses appréciations se ressentent parfois du rôle actif qu'il a joué, que son livre est un plaidoyer autant qu'un récit, et qu'en jugeant ses adversaires il ne s'est pas toujours affranchi de ses anciennes passions ni de ses vieilles rancunes.

Ainsi les deux défauts si souvent reprochés à M. Fustel de Coulanges, je veux dire l'insuffisance de critique dans l'emploi des sources et la tendance à simplifier arbitrairement les problèmes historiques, se manifestent nettement dans cette œuvre de jeunesse.

J'en relèverai encore un qui n'est pas moins

1. Dubois, *les Ligues étolienne et achéenne*, p. 88 et 213.

sensible. Quelques phrases de la conclusion témoignent d'un certain penchant vers les théories fatalistes. D'après lui, l'état de la Grèce et du monde exigeait qu'il y eût une Rome. « Les factions qui déchiraient chaque ville mirent entre toutes une communauté d'affections et de haines qui prépara l'unité. Il *fallait* que l'unité du monde s'opérât de cette façon plutôt que par les armes et par la politique.... Il *fallait* qu'elle s'accomplît par une sorte de convention tacite entre les nations, par un échange où l'une donnât ses arts et son intelligence, une autre sa science de l'administration et ses lois, une troisième l'énergie de ses caractères. Il *fallait* enfin que toutes fussent liées par ce qu'il y a de plus puissant, l'intérêt. » A la longue, l'empire de Rome détruisit partout le patriotisme municipal et mêla les populations au point que la patrie de chacune embrassa l'univers entier. « Ainsi l'association humaine s'élargit, et il le *fallait*, pour que les arts de la Grèce fussent répandus dans tout l'Occident, pour que le sentiment de l'humanité et de la charité prît racine dans les cœurs. »

Ces réflexions reparaissent, avec des développements nouveaux, dans la *Cité antique*; car il y a ceci de remarquable que les ouvrages de M. Fustel s'engendrent, pour ainsi dire, les uns les autres, en sorte que le plus récent est presque toujours annoncé, au moins partiellement, par les ouvrages antérieurs. Mais, au cours de leurs migrations, ses idées ne cessent de se perfectionner dans le même sens que sa méthode. Rien de plus instructif à ce propos que la comparaison des dernières pages de *Polybe* avec la fin de la *Cité antique*. Les événements qu'il avait prétendu expliquer dans le premier cas par le système du fatalisme, il les explique dans le second par le déterminisme. Il s'était figuré tout d'abord qu'ils étaient produits par une force mystérieuse qui, bon gré mal gré, entraînait les sociétés vers un but lointain et caché. Plus tard, il en arriva à envisager le présent comme le fruit naturel du passé, et il le fit sortir non pas des profondeurs obscures de l'avenir, mais de l'ensemble des circonstances qui en avaient précédé l'éclosion. C'était substituer à une conception métaphysique une vue plus scientifique, et par conséquent plus exacte des choses.

Le succès de son examen de doctorat appela M. Fustel d'Amiens au lycée Saint-Louis; mais il n'y demeura guère que deux ans. Il reconnaissait sans fausse honte que la discipline laissait beaucoup à désirer dans sa classe et qu'il ne réussissait pas toujours à y établir le silence. Il finit par conclure avec ses élèves un accord stipulant que le professeur parlerait et serait écouté pendant une heure, et qu'ensuite il les livrerait à eux-mêmes. J'ignore dans quelle mesure le premier article fut respecté. L'enseignement secondaire avait en outre pour lui l'inconvénient de réduire à l'excès le temps que réclamaient ses travaux personnels. Aussi attendait-il avec impatience le moment où il occuperait une chaire de faculté. Ce vœu fut exaucé en octobre 1860, lorsqu'on l'envoya à Strasbourg.

CHAPITRE II

Le séjour à Strasbourg (1860-1870).

M. Fustel arriva à Strasbourg avec le projet d'embrasser toute l'histoire[1]. D'abord la loi lui en imposait l'obligation, puisqu'en vertu de l'arrêté ministériel du 7 mars 1853 il devait « distribuer ses leçons de telle sorte que, tout en variant le choix du sujet, il pût parcourir en trois années le cercle entier de son enseignement ». Il était de plus convaincu qu'il n'était pas bon de trop se spécialiser, surtout au début. Il me disait un jour : « Tandis que la plupart se cantonnent dans

1. C'est la pensée qu'il exprimait encore dans une lettre du 15 avril 1864.

une petite partie de l'histoire, notre avantage, à nous autres professeurs, est que nous avons dû préalablement faire des études d'ensemble. Aussi arrive-t-il que, lors même que nous étudions un détail, nous ne pouvons faire que toute l'histoire ne soit en quelque manière sous nos yeux, et c'est notre supériorité[1]. »

On a la preuve qu'il exécuta de point en point le vaste programme qu'il s'était tracé. Parmi les questions qu'il traita dans son cours je note particulièrement les suivantes : les origines de la nation gauloise, ses migrations, ses luttes, ses institutions; les conquêtes et l'organisation de la république romaine; le

1. « A en croire certains esprits, il faut borner le travail à un point particulier, à une ville, à un événement, à un personnage, tout au plus à une génération d'hommes. J'appellerai cette méthode le spécialisme. Elle a ses mérites et son utilité; elle peut réunir sur chaque point des renseignements nombreux et sûrs. Mais est-ce bien là le tout de la science? Supposez cent spécialistes se partageant par lots le passé de la France; croyez-vous qu'à la fin ils auront fait l'histoire de France? J'en doute beaucoup. Il leur manquera au moins le lien des faits; or ce lien est aussi une vérité historique. Je ne sais même pas si chacun d'eux aura bien rempli sa partie; car je ne suis pas bien sûr que l'on puisse connaître exactement une génération d'hommes, si l'on ne connaît pas celle qui précède, ni même une institution, si l'on n'a pas étudié l'institution dont elle dérive. » (Note inédite.)

principe monarchique en France jusqu'à la fin du règne de Louis XIV; les relations de la France avec les puissances européennes depuis le commencement des temps modernes jusqu'à la révolution de 1789; la constitution anglaise jusqu'à Élisabeth. Tous les peuples et toutes les époques entraient ainsi à tour de rôle dans le champ de ses investigations.

Les facultés des lettres étaient alors tombées en province dans un tel discrédit que M. Fustel trouva celle de Strasbourg « aux trois quarts morte ». Dans le principe il ne compta autour de lui qu'une douzaine d'auditeurs. Pour en augmenter le nombre, il n'eut recours à aucun artifice; son talent lui suffit. « La vraie science, écrivait-il à un ami, n'est jamais ennuyeuse. Je me garde de vouloir amuser; le plus sûr moyen d'être fastidieux, c'est de laisser voir au public qu'on se préoccupe de lui plaire [1]. » Il ne se croyait pas tenu d'étaler son érudition; mais il était évident que chacune de ses paroles reposait sur un fond de solides con-

1. Lettre du 4 janvier 1865 à M. Perrot.

naissances. Il ne se souciait pas davantage d'encombrer ses leçons d'une foule de détails secondaires et de curiosités insignifiantes. Il estimait qu'en histoire le difficile est de choisir, et il possédait lui-même un flair merveilleux pour discerner les points saillants d'une question, si bien qu'après l'avoir écouté on emportait une notion précise et durable du sujet. Les menus faits n'avaient de valeur à ses yeux que par les idées générales qui s'en dégageaient naturellement. S'il rappelait une anecdote piquante, un trait de mœurs original, ce n'était pas pour divertir l'assistance, c'était pour peindre un homme ou une société.

Une fois, il définit en ces termes le caractère romain :

« Ce qu'il y a de plus beau chez le Romain, c'est l'attachement à la cité. Jamais il n'agit contre les intérêts de l'État. Dépositaire des fonds publics, il se garde de s'en approprier un sesterce. On ne le voit pas, même en temps de guerre civile, faire, comme le Grec, alliance avec l'étranger. Qu'Hannibal se présente aux portes de Rome déchirée par les discordes intestines : aussitôt les dissensions cessent et tous se tournent contre l'ennemi commun. Devant l'étranger, le Romain ne montre ni bassesse ni corruption. Scipion vient de prendre en Espagne une ville carthaginoise. Ses soldats lui amènent la plus belle des captives. Ils savent ce qu'ils font; mais le général voit les Espagnols qui le regardent; il la renvoie pour faire dire que les Romains sont vertueux. »

Voici encore de quelle façon il entama la description de la conquête de l'Angleterre par les Normands :

« Je m'arrête à cet événement parce qu'il caractérise le mieux l'état moral et social d'alors. Il permet de toucher du doigt les motifs des actions des hommes de ce temps; on voit en jeu leurs pensées, leurs sentiments, leurs passions, leurs convoitises, en un mot les vrais ressorts qui donnaient l'impulsion à leur cœur. Tout est triste, petit, odieux, chez les vaincus aussi bien que chez les vainqueurs. Il n'y a de grand que les souffrances. Augustin Thierry a fait son récit en artiste; il nous intéresse aux victimes; il répand des fleurs sur leurs tombes. Je ne l'imiterai pas. En consultant les documents authentiques, je ne trouve rien à louer, même chez les Saxons. Il faut les plaindre, mais non les absoudre. »

Dans une ville aussi sérieuse que l'était Strasbourg, cette élévation de jugement et de langage attira vite l'attention. Bien que la Faculté fût logée dans un quartier peu accessible, on se pressa de plus en plus aux leçons de M. Fustel, et il eut assez promptement un auditoire régulier de trois cents personnes. Son succès ne fut pas une simple affaire de mode. On accourait vers lui pour s'instruire autant que pour se distraire, et le professeur eut la satisfaction de parler devant des élèves à barbes grises qui prenaient des notes avec tout le zèle de la vingtième année. Puis, à la sortie du cours, c'étaient dans la longue rue Saint-Guillaume des conversations interminables où chacun trahissait « par la vivacité de ses gestes et de ses paroles » le plaisir qu'il venait d'éprouver et l'impression qu'il venait de recevoir.

Si flatteuse que fût pour lui cette agitation intellectuelle, M. Fustel nourrissait encore une autre ambition. Il aurait voulu créer auprès de sa chaire un laboratoire de recherches historiques, analogue à ces « séminaires » d'Allemagne dont la légitime réputation humiliait son patriotisme. Mais ce qui manquait alors le plus à notre enseignement supérieur, c'étaient les étudiants assidus.

M. Duruy essaya de lui en procurer par le décret du 11 janvier 1868, qui instituait dans certains lycées des emplois de maîtres auxiliaires astreints à suivre les conférences des facultés préparatoires à la licence; c'est ce qu'on appela assez improprement des « écoles normales secondaires ». M. Fustel applaudit à cette innovation; mais, au lieu de s'enfermer dans les étroites limites des programmes d'examen, il prétendit dresser les jeunes gens qu'on lui confiait au travail libre et désintéressé. Dans ces entretiens familiers où il se faisait leur collaborateur, les exercices étaient très variés. Tantôt on commentait un document tel que la *Germanie* de Tacite, le *De republica* de Cicéron, l'*Histoire des Goths* de Jordanès. Tantôt on discutait les théories d'un ouvrage moderne, comme l'*Esprit des lois*, les *Chevaliers romains* de Belot, ou la *Politique* de Bossuet. Tantôt on exposait, autant que possible d'après les textes, une question d'histoire générale, et c'était avec une incomparable sûreté de méthode que M. Fustel rectifiait les opinions formulées devant lui.

Un de ceux qui travaillèrent sous sa direction a publié un spécimen des observations critiques du professeur. Il s'agissait ce jour-là du traité de Bossuet.

« Il donne à la loi, disait M. Fustel de Coulanges, une origine divine, et, en attendant, il l'appelle un pacte solennel par lequel les hommes conviennent ensemble de ce qui est nécessaire pour former leur société. Il fait des rois les ministres de Dieu, les lieutenants de Dieu, même des dieux sur la terre, et pourtant il ne les affranchit pas de la loi, œuvre de l'homme. Les sujets, d'après lui, doivent au prince une entière obéissance; mais la révolte est ordonnée contre le roi, quand il commande contre Dieu.... Ce livre, en somme, est singulièrement pauvre d'idées et de vérités. Bossuet était, en matière de gouvernement, plein d'inexpérience. Cela n'est pas étonnant chez un prélat du temps de Louis XIV : le clergé d'alors vivait trop séparé de la société laïque. Au moyen âge, beaucoup d'évêques et d'abbés étaient des seigneurs féodaux et connaissaient les affaires. Il s'en trouve jusque dans les temps modernes qu'on voit s'initier de bonne heure à la politique et à la diplomatie. Richelieu s'était destiné au gouvernement avant d'être évêque. Bossuet appartient à une génération où le haut clergé ne portait plus son attention de ce côté [1]. »

Dans les premières années, M. Fustel se plut beaucoup à Strasbourg. « J'aurais grand tort de me plaindre, écrivait-il le 13 juin 1862. Je suis heureux, j'ai reçu bon accueil, je travaille, et j'ai une liberté complète. » Mais bientôt l'humidité du climat amena des maux de gorge, des rhumes, des migraines, qui le

1. J'emprunte tous ces détails à un article de M. J. Parmentier (*Revue bleue* du 26 octobre 1889).

condamnèrent à se ménager, qui même l'obligèrent en 1866 à aller chercher dans le Midi de la France un ciel plus clément. On lui conseillait de demander son changement. Il s'y refusa; il lui en coûtait trop de quitter une ville où il était entouré des plus ardentes sympathies [1], et où il sentait que son enseignement « portait quelques fruits ».

Mais s'il lui répugnait de se déplacer en province, il se prenait à désirer de plus en plus quelque chaire parisienne. Il redoutait pour sa santé d'esprit un séjour trop prolongé, même dans la faculté qui lui était échue. « La province a du bon, disait-il; mais encore n'en faut-il pas abuser. Je crains de m'endormir; je deviens paresseux; il me semble que mon sang circule moins vite qu'autrefois. Personne avec qui causer. On échange des nouvelles, mais des idées jamais. Pas d'amis, j'entends pas de compagnons d'étude et de pensée. Pour le travail, je suis comme seul au monde, toujours avec moi-même, ne recevant des autres

1. Au mois d'octobre 1868, son auditoire lui offrit une médaille commémorative en témoignage d'estime.

aucune impulsion, aucune chaleur. Quand mes forces seront épuisées, quand j'aurai attrapé le fond du sac, que deviendrai-je? Et pourtant je travaille, je travaille même beaucoup; mais à quoi me sert mon travail? Quand j'ai employé toute ma semaine à creuser une question, arrive le samedi; je parle pendant une heure, et puis *verba volant*, autant en emporte le vent. Il ne me reste de tout cela que des applaudissements, c'est-à-dire un peu moins que rien. Je suis las de travailler pour si peu de chose [1]. »

Aussi, lorsqu'en 1870 une vacance se produisit à l'École normale, il saisit l'occasion avec joie. Il eut plusieurs concurrents, dont un surtout, Taine, était particulièrement redoutable. On ne le vit pas cependant se précipiter vers Paris pour y défendre sa propre candidature. Il laissa ses amis et ses livres agir pour lui [2]. Un de ceux qui le patronnèrent le plus chaudement, ce fut M. Duruy, qui déjà pendant son ministère avait songé à le tirer de

1. Lettre du 17 octobre 1869 à M. Perrot.
2. Il avait publié en 1864 la *Cité antique*.

Strasbourg. Sa nomination fut signée le 28 février. En apprenant cette nouvelle, il avoua que ce qui le déterminait à s'éloigner de sa Faculté, c'était le succès même qu'il y avait. « Je vivais ici dans une atmosphère d'engoûment, d'enthousiasme naïf qui m'agaçait et qui aurait fini par me rendre stupide.... A l'École, j'aurai sans doute plus de travail, peut-être moins d'indépendance; mais je ne serai pas énervé par les fumées de l'encens[1]. »

Les Strasbourgeois n'oublièrent pas le professeur qu'ils avaient tant goûté. Peu de temps après la guerre, ils le prièrent de leur donner encore une conférence. Quoiqu'il évitât de parler à ses élèves des choses du dehors, il nous communiqua, à son retour, les tristes réflexions que lui avait suggérées ce voyage, et il termina par ces mots : « Si jamais Strasbourg nous est rendu et que l'un de vous y occupe mon ancienne chaire, je le prie, le jour où il en prendra possession, d'accorder un souvenir à ma mémoire. »

1. Lettre du 3 mars 1870 à M. Perrot.

CHAPITRE III

La Cité antique.

C'est à Strasbourg que M. Fustel de Coulanges écrivit et publia la *Cité antique*. M. Guigniaut, si compétent, comme on sait, pour tout ce qui concerne les croyances des anciens, avait été frappé de l'originalité des vues qu'il avait esquissées dans sa thèse sur le culte de Vesta, et il l'avait engagé à les développer dans quelque ouvrage plus approfondi. M. Fustel ne manqua pas de suivre cet avis, et pendant six ans il consacra à cette besogne tous les loisirs que lui laissait son enseignement. Retardé par la préparation de ses leçons de faculté et par l'état souvent précaire de sa santé, il avança beaucoup moins vite qu'il n'eût voulu. Nous voyons par sa correspondance qu'en 1862 il n'avait pas encore commencé la rédaction de son livre; il comptait seulement étudier ce sujet dans son prochain cours [1]. Ce fut en effet la question qu'il traita du mois de novembre 1862 au mois de juillet 1863, et en février 1864 le volume était prêt pour l'impression.

Ce chef-d'œuvre eut grand'peine à trouver un éditeur. Durand consentit enfin à le recevoir en dépôt, pourvu que l'auteur en fît tous les frais. Le public l'accueillit avec assez de faveur. On avait tiré à 660 exemplaires, et en mars 1865 le libraire réclamait déjà une seconde édition. Quelques critiques montrèrent par leur sévérité qu'ils n'avaient rien compris au système de M. Fustel [2]. D'autres le louèrent

1. Lettre du 13 juillet 1862 à M. Perrot : « Je reste fidèle, pour quelques années encore, à notre antiquité grecque et italienne. J'ai continué à m'en occuper un peu dans ces deux dernières années, sans rien écrire, il est vrai; mais je compte l'année prochaine traiter dans mon cours le sujet de la « Cité antique », et il n'est pas impossible que mon cours se transforme en un livre. »

2. *Année littéraire* de Vapereau, 1865, p. 319-321.

du bout des lèvres et comme à regret. Sainte-Beuve et Taine lui rendirent pleine justice. Mais ce fut surtout M. Tournier, un ancien camarade de l'auteur, qui l'apprécia le plus équitablement. « Si l'enchaînement rigoureux des idées, la hardiesse heureuse des vues, une érudition puisée tout entière aux sources, une savante et lumineuse ordonnance, un style exquis, suffisent pour faire un beau livre, nous en connaissons peu, disait-il, d'aussi beaux que la *Cité antique*[1]. » A l'Académie française, M. Fustel se mit d'abord sur les rangs pour le prix Bordin, bien qu'il craignît « de viser trop haut ». Son ambition n'avait certainement rien d'excessif; mais Guizot lui conseilla de se rabattre sur un des prix Montyon, et ce fut la récompense qu'on lui décerna. Pourtant, remarquait-il, « j'ai songé beaucoup plus à la science qu'à la vertu et aux bonnes mœurs[2] ». Il dut être singulièrement étonné d'être appelé par Villemain, un « publiciste » dont l'étude était « pleine de détails savants d'où sortaient

1. *Revue des cours littéraires*, 19 août 1865.
2. Lettre du 22 mars 1865.

des idées et où l'émotion produisait parfois l'éloquence [1] ». Il ne le fut pas moins de découvrir dans une revue catholique un article où l'on avait l'air de considérer son travail comme une lecture édifiante. « Ce n'est pas précisément à l'approbation des Jésuites que j'avais visé », disait-il à un ami [2].

La *Cité antique* est trop connue pour que j'aie besoin d'en faire longuement l'analyse. Je me bornerai à rappeler qu'elle a pour objet de marquer le rapport intime qui existait entre les institutions des anciens et leurs croyances.

Remontant à leurs origines les plus lointaines, l'auteur prouve que ces populations « envisageaient la mort non comme une dissolution de l'être, mais comme un simple changement de vie », que pour elles l'âme et le corps étaient à jamais inséparables, que le défunt restait à peu près tel qu'autrefois, qu'il lui fallait un tombeau pour demeure, des aliments pour calmer sa faim, du vin et du lait

1. Rapport sur les concours de 1865.
2. Lettre du 14 février 1865.

pour apaiser sa soif, des hommages et des prières pour conjurer sa colère et gagner sa bienveillance. De là le culte minutieux dont on entourait les mânes des ancêtres. C'est cette religion domestique qui a « constitué la famille grecque et romaine, établi le mariage et l'autorité paternelle, fixé les rangs de la parenté, consacré le droit de propriété et le droit d'héritage [1] ».

En même temps qu'ils adoraient leurs aïeux, les hommes divinisaient les forces de la nature, et créaient ainsi une seconde religion qui se juxtaposa à la première sans la supprimer, mais sans se confondre avec elle [2]. Ce culte nou-

1. *La Cité antique*, p. 3. Je cite d'après la 7e édition.

2. Lettre du 25 octobre 1864 à M. Perrot : « Tu peux croire combien j'ai été surpris moi-même, lorsqu'en regardant de près à la religion des anciens, j'ai vu (ou du moins cru voir) deux religions, et non pas une. J'ai d'abord rejeté bien loin cette idée, je n'en voulais pas, je lui ai résisté de toutes mes forces. J'ai été pourtant contraint de l'admettre, et ce qui m'y a contraint, c'est une foule de faits, notamment de faits liturgiques, qui présentent la religion des morts comme absolument opposée à l'autre et sans aucun lien avec eux. Que les mêmes hommes aient eu ainsi deux religions, cela étonne; mais cela n'est pourtant pas invraisemblable. Prends le premier paysan d'aujourd'hui; tu en trouveras en lui au moins deux, et généralement trois. Un des points les plus importants de l'histoire ancienne est

veau « se prêtait mieux que le culte des morts aux progrès futurs de l'association humaine[1] ». Il était, en effet, accessible à toutes les familles, et il pouvait par suite leur servir de trait d'union. C'est lui qui présida à la naissance des cités, en groupant autour d'une divinité commune des familles que leurs cultes particuliers avaient jusque-là isolées.

La cité se modela d'ailleurs sur la famille. Elle eut son foyer, son dieu, son culte. Tout chez elle subit l'empreinte de la religion. Ses rois furent à la fois des prêtres et des magistrats. Ses lois furent « un ensemble de rites, de prescriptions liturgiques, de prières aussi bien que de dispositions législatives », et passèrent longtemps pour sacrées. La participation au culte officiel fut la principale prérogative du citoyen, et l'étranger fut regardé comme un ennemi, par cela seul qu'il en était exclu. « La religion, qui avait enfanté l'État, et l'État, qui entretenait la religion, se soutenaient l'un

précisément cette série de transformations religieuses dans lesquelles une croyance nouvelle s'ajoute à une vieille croyance sans la détruire. »

1. *La Cité antique*, p. 141.

l'autre et ne faisaient qu'un ; ces deux puissances associées formaient une puissance humaine à laquelle l'âme et le corps étaient asservis. »

A la longue, pourtant, cet édifice si solide fut menacé et détruit. Il arriva, en effet, que la religion perdit de plus en plus son empire sur les esprits et cessa d'inspirer toutes les pensées. D'autre part, les classes qu'elle écartait du corps politique s'insurgèrent contre un régime qui leur ménageait trop peu de garanties et réclamèrent l'égalité. Alors commença une série de révolutions qui modifièrent graduellement les règles du droit privé, l'état des personnes et des terres, les principes du gouvernement, les mœurs publiques, et qui firent succéder l'oligarchie à la royauté et la démocratie à l'oligarchie.

On alla encore plus loin : sous l'action de la philosophie, les idées s'élargirent ; on s'aperçut que « les êtres différents qu'on appelait du nom de Jupiter pouvaient bien n'être qu'un seul et même être[1] », et la fusion des divi-

1. P. 417.

nités locales prépara insensiblement la fusion des cités. L'esprit municipal, jadis si rigoureux parce qu'il procédait de la religion, fut remplacé, du moins en Grèce, par une sorte de cosmopolitisme qui embrassait jusqu'aux barbares. L'individu tendit à s'émanciper du joug de l'État; il comprit qu'il y avait « d'autres vertus que les vertus civiques », et son âme « s'attacha à d'autres objets qu'à la patrie [1] ». De toutes manières, « on était entraîné à l'unité »; on se sentait à l'étroit dans l'enceinte de la cité, et l'on aspirait à créer des sociétés plus vastes. Rome profita de cet affaiblissement du patriotisme pour conquérir le bassin de la Méditerranée. Par là, toutes les cités disparurent une à une, et « la cité romaine, la dernière debout, se transforma elle-même si bien qu'elle devint la réunion d'une douzaine de grands peuples sous un seul maître [2] ». Enfin le christianisme, en séparant la religion du gouvernement, en fondant la liberté intérieure, et en proclamant le dogme de l'unité

1. *La cité antique*, p. 423.
2. *Ibid.*, p. 457.

de Dieu, acheva la ruine des vieilles croyances et des vieilles institutions.

Tel est, en résumé, le système développé dans la *Cité antique*. Nous avons là une sorte d'*Esprit des lois* restreint aux sociétés anciennes et conçu d'après une méthode beaucoup plus scientifique. Les vues de M. Fustel ont perdu une partie de leur originalité, parce qu'elles sont entrées pour la plupart dans le courant de l'histoire. Mais, à l'époque où il les exprima, elles étaient très neuves. S'il y a dans les ouvrages de ses devanciers[1] quelques indications éparses qu'il a peut-être utilisées, nulle part on ne rencontre une synthèse pareille à la sienne. Celle-ci est sortie tout entière de son cerveau, et pendant vingt-cinq ans elle n'a pas changé d'une ligne. En 1879, il soumit ce volume à une revision attentive. Or, si

1. Par exemple dans Vico. On a insinué qu'il avait emprunté tacitement ses principales idées à l'*Ancien droit* de Sumner Maine, paru en 1861. Mais cet ouvrage n'a été traduit dans notre langue qu'en 1874, et en 1864 M. Fustel eût été incapable de le lire dans le texte original. Lettre du 15 avril 1864 à M. Perrot : « Je te félicite de l'heureuse idée que tu as eue de donner une traduction de Max Müller, ou plutôt je t'en remercie, car c'est un service que tu nous rendras, *à nous tous qui ne savons pas l'anglais*. »

l'on compare la septième édition qu'il publia alors, avec la première, on n'y relève que de légères variantes. Un chapitre a été ajouté; les notes ont reçu plus d'extension; plusieurs paragraphes ont été refondus, quelques affirmations atténuées; mais le fond est resté immuable, et il en eût été de même, si M. Fustel avait pu remanier encore son œuvre, comme il en avait le projet. Dans ses leçons de l'École normale, il a constamment reproduit ce qu'il avait dit dans la *Cité antique*, et chaque fois que dans ses écrits il a eu l'occasion de revenir sur ces questions, il a abouti à des conclusions identiques.

Il est permis de se demander si cette confiance inébranlable qu'il avait dans la justesse de ses théories était pleinement fondée. Qu'il ait réussi à montrer la place énorme que la religion occupait dans la vie sociale des anciens, c'est ce qu'il serait puéril de contester; mais ce qui est plus douteux, c'est la parfaite exactitude du tableau général qu'il nous présente. « Nous avons fait, dit-il, l'histoire d'une croyance. Elle s'établit : la société humaine se constitue. Elle se modifie : la société traverse une série de révolutions. Elle disparaît : la société change de face. » Il semble que ce soit là une loi beaucoup trop simple et que ces événements aient été amenés par des causes bien plus complexes.

Prenez la famille primitive des Grecs. D'après M. Fustel, son organisation dérive uniquement du culte des aïeux. Si le père a un pouvoir discrétionnaire sur les siens, c'est parce qu'il est l'intermédiaire entre eux et les ancêtres divinisés ; si ce groupe a le droit de posséder une portion du sol, c'est parce qu'il a besoin d'un terrain pour y ensevelir ses morts ; si la propriété est indivise entre tous les membres, c'est parce qu'il importe que tous séjournent auprès du tombeau où ont lieu les cérémonies et qui les abritera à leur tour. Mais alors, comment se fait-il que des peuples où la religion des morts était encore très vivace aient rompu avec le régime de la propriété familiale, et qu'au contraire ce mode de propriété conserve toute sa vigueur dans des sociétés chrétiennes où les morts ne sont plus adorés?

A supposer que le sentiment religieux ait suffi pour engendrer cette institution, ce n'est pas lui qui l'a maintenu si longtemps en Grèce, c'est l'intérêt politique, c'est le désir de conjurer l'appauvrissement de la classe aristocratique. Il se peut même qu'à Sparte, comme chez les Slaves méridionaux, on ait vu là un excellent moyen de consolider la puissance militaire de l'État [1].

Après plusieurs siècles de vie patriarcale, les familles se rapprochèrent et la cité naquit. M. Fustel de Coulanges déclare qu'il est superflu de rechercher les raisons qui les réunirent; il se borne à constater que « le lien de la nouvelle association fut un culte [2] ». J'estime, au contraire, que cette recherche était indispensable; car, pour connaître la nature de l'État antique, le mieux est en somme d'examiner l'objet pour lequel il a été institué. Or il est notoire que les familles se rapprochèrent, non pour prier une divinité commune, mais

1. Cf. Sumner Maine, *Études sur l'ancien droit et la coutume primitive* (trad. fr.), p. 352.
2. *La Cité antique*, p. 143.

pour se prémunir contre les maux dont elles souffraient, pour abolir ou restreindre les guerres privées, pour lutter contre leurs voisins, pour acquérir plus de force et plus de sécurité. La religion fut le signe bien plus que la cause de leur fusion, et, pour peu qu'on écarte ces apparences, on s'aperçoit que le vrai principe de cohésion fut ici encore l'intérêt.

Dans les villes grecques et italiennes il y avait des classes distinctes : c'est ainsi qu'à Rome il existait une plèbe en dehors du patriciat. M. Fustel veut à tout prix que la barrière infranchissable qui se dressait entre les patriciens et les plébéiens fût d'ordre purement religieux. Les premiers formaient, dit-il, une sorte de caste, seule agréée de la divinité, seule apte à l'honorer, tandis que les seconds étaient une masse confuse de gens impurs, dépourvus de religion, et exclus à la fois du culte public et de la cité. Il va même jusqu'à expliquer l'infériorité de quelques-unes de ces familles par cette considération qu'elles ne surent pas « créer des dieux, arrêter une doctrine, inventer l'hymne et le rythme de la prière [1] ».

Cette idée qu'il se fait de la plèbe est difficile à accepter. Si elle était exacte, on s'attendrait à rencontrer un patriciat de plus en plus étroit à mesure qu'on remonterait vers les siècles où la foi était le plus vive. Or c'est justement le phénomène inverse qui eut lieu. Sous les rois, la classe patricienne s'ouvrit à un assez grand nombre de familles étrangères, et elle ne se ferma qu'au début de la république.

Pour en pénétrer le motif, il n'est pas nécessaire de recourir à la religion; on n'a qu'à se rappeler que toute oligarchie tend à se rétrécir, lorsqu'elle est livrée à elle-même. La royauté, qui servait de contrepoids au patriciat romain, le contraignit d'abord à s'élargir; mais quand il n'eut plus besoin de compter avec elle et qu'il fut laissé libre d'obéir à ses instincts, il s'isola et éloigna les intrus.

M. Fustel nous dépeint le patriciat et la

1. P. 278.

plèbe comme deux classes qui ne demandaient pas mieux que de se confondre, mais qui en étaient empêchées par la religion. « Les patriciens, écrit-il, défendaient quelque chose de plus fort que l'intérêt, quelque chose qu'ils ne croyaient pas avoir le droit d'abandonner, c'est-à-dire leur religion et l'hérédité de leur caractère sacerdotal [1]. » N'y a-t-il donc jamais eu dans l'histoire des aristocraties aussi ardentes que celle de Rome à veiller sur leurs privilèges, sans que la religion y fût pour rien, et ce souci ne se justifie-t-il pas assez par lui-même? Qu'importe que dans les discours de Tite-Live les patriciens allèguent à tout propos des arguments religieux? N'est-il pas probable que, s'ils étaient souvent sincères, souvent aussi ils les invoquaient pour pallier leur égoïsme et le couvrir d'un prétexte honorable?

Quant aux plébéiens, il est bien vrai qu'ils ne se glissèrent jamais dans le patriciat; mais cela vient de ce que le patriciat était une noblesse

1. *Questions historiques*, p. 429.

de naissance, qui ne pouvait se communiquer que par le sang, et qu'à côté de lui surgit de bonne heure une noblesse nouvelle, qui fut par excellence la classe dirigeante de l'État, et à laquelle tous avaient accès par la gestion des hautes magistratures.

S'il était possible de suivre pas à pas les divers chapitres de la *Cité antique*, on remarquerait partout le même procédé. Il n'est rien dans l'histoire des institutions de la Grèce et de Rome que M. Fustel de Coulanges ne ramène à l'histoire des idées religieuses; et, comme il met au service de cette opinion toutes les ressources d'un esprit aussi puissant qu'ingénieux, le lecteur finit par se persuader que la religion a été véritablement le facteur unique de l'évolution politique et sociale des peuples anciens. Il a beau se dire que ce doit être là une interprétation partielle des choses; malgré lui il est entraîné par cet engrenage de déductions rigoureuses, et il en arrive à penser, comme le voulait M. Fustel, que ces deux sociétés sont absolument inimitables, que « rien dans les temps modernes ne leur ressemble », et que « rien dans l'avenir ne leur ressemblera [1] ».

Or c'est ici précisément qu'est l'erreur. Si grandes, en effet, que soient les différences qui nous séparent des Grecs et des Romains, il y a entre eux et nous de frappantes analogies. Un Athénien du IVe ou du Ve siècle est peut-être plus voisin de nous qu'un Français du moyen âge, et j'imagine que César, Pompée, Cicéron, Démosthène, Périclès et même Solon, ne seraient pas trop dépaysés dans l'Europe contemporaine. Nous n'avons pas les mêmes idées religieuses que les anciens; mais nous avons les mêmes besoins physiques, les mêmes préoccupations matérielles qu'eux, et nos actes publics ou privés sont déterminés, au moins en partie, par les mêmes intérêts que les leurs. M. Fustel s'en rendait compte mieux que personne. L'auteur de l'étude sur *Polybe*, celui qui a tant insisté sur la prépondérance qu'ont eue dans tous les pays les questions économiques, celui qui a cherché dans la pra-

1. *La Cité antique*, p. 2.

tique du précaire la clef de l'histoire intérieure de Rome jusqu'à l'Empire [1], n'était pas homme à méconnaître tout ce qu'il entre de considérations de ce genre dans les mobiles humains. Si dans la *Cité antique* il ne les a point signalées, ce n'est pas par ignorance, c'est en vertu d'un dessein prémédité. Il savait bien qu'il laissait dans l'ombre une multitude de faits qui, pris en eux-mêmes, n'étaient certes pas négligeables; mais l'objet de son livre, comme d'ailleurs de tous ses premiers travaux, était de prouver une thèse, et il écartait d'emblée les textes qui n'étaient pas utiles à sa démonstration.

La théorie qu'il avait en vue acquérait par là un relief extraordinaire; mais, n'étant fondée que sur la moitié des faits, elle n'était qu'à moitié vraie; elle énonçait avec force une vérité, elle n'énonçait pas toute la vérité. M. Fustel ne dit rien de faux sur l'âme gréco-romaine; mais comme il n'en retrace pas tous les traits, il risque de tromper ceux qui seraient tentés

1. *Le Bénéfice*, p. 83 et suiv.

de croire qu'il nous la montre sous tous ses aspects. Les anciens, en un mot, ont eu les sentiments et les idées qu'il leur prête; mais ils en ont eu aussi beaucoup d'autres dont il ne parle pas, en sorte que ceci n'est pas toute la cité antique, mais plutôt la cité antique envisagée sous un jour particulier.

On voit ce qu'avait encore de défectueux la méthode de M. Fustel. Il serait tout à fait injuste de prétendre que quelques vagues indices lui suffisaient pour se former une conception *a priori* des choses et qu'ensuite il se contentait de demander aux documents la confirmation de ses hypothèses. C'est seulement après de longues recherches préliminaires qu'il arrêtait les grandes lignes de son système sur un sujet donné. Mais une fois que la vérité lui était apparue, telle du moins qu'il l'entendait, elle exerçait sur son intelligence une action si puissante qu'elle le rendait presque incapable de rien apercevoir en dehors d'elle. Les yeux toujours fixés vers ce point lumineux il ne se détournait jamais de la route qui y conduisait. Il acquérait ainsi une notion très exacte de l'étroit espace de terrain par où il passait; mais comme il évitait de jeter un regard curieux à droite et à gauche, il en connaissait peu les alentours, et il ne pouvait par conséquent offrir au lecteur un tableau où se trouvât reproduit dans toute son ampleur l'ensemble du paysage.

CHAPITRE IV

Études politiques (1870-1871).

M. Fustel de Coulanges était à Paris depuis peu, lorsqu'il fut appelé, sur la recommandation de M. Duruy, à enseigner l'histoire à l'Impératrice. Il y a dans ses cartons une liasse de notes dont la destination n'est pas marquée, mais qui se rapportent évidemment à ce cours. Il avait le dessein d'y indiquer ce que les hommes d'aujourd'hui doivent au passé. Il s'était d'abord tracé un horizon très vaste, puisqu'il remontait jusqu'à l'âge de la pierre. Mais on le pria de glisser sur les origines et d'arriver rapidement aux temps modernes. Il put de la sorte atteindre en onze leçons la mort de Louis XI ; là, il fut arrêté soudain par la guerre allemande.

Aucune de ces leçons n'a été écrite ; pour toutes M. Fustel s'est borné à établir un court sommaire, qu'accompagnaient probablement quelques textes bien choisis. L'auditoire spécial qu'il était chargé d'instruire[1] aurait peu goûté des vues trop profondes. Il mit donc tous ses soins à développer devant lui les idées en vogue, sous une forme aussi claire et aussi simple que possible. Ses plans avaient parfois une grande originalité. C'est ainsi qu'ayant à parler de saint Louis, il commença par analyser les dernières recommandations du roi à son fils pour rechercher ensuite dans quelle mesure il s'en était lui-même inspiré durant son règne. La leçon consacrée aux progrès ultérieurs de la royauté est plus didactique ; mais l'exposition y est si lucide qu'elle donne de l'attrait aux détails même les plus arides.

Enfermé à Paris pendant le siège, il chercha

1. Plusieurs dames de la cour assistaient avec l'Impératrice à ces leçons ; l'Empereur lui-même y parut quelquefois.

une consolation dans le travail. Mais, sous l'empire des circonstances plus fortes que ses tendances naturelles, son activité d'esprit se concentra presque tout entière sur le présent.

Le 28 octobre 1870, il adressa « à Messieurs les ministres du culte évangélique de l'armée du roi de Prusse » une lettre où il protestait contre leurs prédications haineuses, contre leurs préjugés sur les mœurs de la « moderne Babylone », et contre l'outrecuidance qu'ils avaient d'associer Dieu à une œuvre de violence et de destruction[1].

Le 27 octobre, en réponse à une brochure de M. Mommsen, il soutint que l'Alsace, malgré ses affinités de race et de langue avec l'Allemagne, était depuis longtemps française de cœur, et que d'ailleurs nul n'avait le droit de disposer d'elle contre son gré. « En ce moment, ajoutait-il, la France et la Prusse se la disputent, mais c'est l'Alsace seule qui doit prononcer. Vous dites que vous revendiquez Strasbourg

1. *Questions historiques*, p. 513.

et qu'il doit vous être restitué. Que parlez-vous de revendication? Strasbourg n'appartient à personne. Strasbourg n'est pas un objet de possession que nous avons à restituer. Strasbourg n'est pas à nous, il est avec nous.... Nous ne combattons pas pour contraindre l'Alsace; nous combattons pour vous empêcher de la contraindre[1]. »

Le 1er janvier 1871, il s'efforça de démontrer dans la *Revue des Deux Mondes* que la Prusse, par une application surannée et d'autant plus scandaleuse des principes de la politique d'envahissement, ramenait l'Europe à deux siècles en arrière, pour le simple plaisir d'opérer des conquêtes dont les avantages étaient problématiques, et, avec un excès de pessimisme que jusqu'ici les événements n'ont pas justifié, il signalait à l'Allemagne les maux que ses victoires déchaîneraient sur elle à bref délai[2].

Enfin il réfléchit beaucoup à cette époque sur les problèmes de politique contemporaine, non par désœuvrement, mais pour se faire là-

1. *Questions histor.*, p. 505 et suiv.
2. *Ibid.*, p. 473 et suiv.

dessus une opinion raisonnée et se rendre utile peut-être à ses concitoyens. Cette préoccupation perçait déjà dans l'article où il retraça l'évolution politique des institutions militaires de la République romaine[1], et aussi dans ceux où il décrivit l'organisation de la justice à Athènes, à Rome et en France[2]. Toutefois, c'est seulement à la lecture de ses papiers inédits qu'on peut constater l'attention vraiment extraordinaire qu'il donna alors aux questions du jour.

Le pays, à peine échappé aux désastres de la guerre étrangère, et encore en proie aux horreurs de la guerre civile, dépourvu de tout gouvernement stable, et incertain de son avenir, semblait alors propice à toutes les expériences comme à tous les systèmes. On était devant une table rase, où rien ne subsistait du passé, où tout était à réédifier, et, au milieu du désarroi des partis, aucune idée dominante ne surnageait, si ce n'est la nécessité d'un régime durable et réparateur. M. Fustel essaya de déterminer

1. *Revue des Deux Mondes*, 15 novembre 1870.
2. *Ibid.*, 15 février, 15 mars, 1er août et 1er octobre 1871.

les conditions que devait remplir un régime pareil, et c'est le fruit de ses méditations qu'il jeta sur ces feuilles détachées. Ce n'est pas aller contre sa volonté que de tirer discrètement ces notes de l'ombre où elles sommeillaient, d'abord parce qu'il est notoire que M. Fustel ne changea guère d'opinion sur tous ces points, et en second lieu parce qu'il est bon pour sa mémoire que cet aspect si imprévu de son talent ne demeure pas complètement inconnu.

La question qu'on agitait le plus en ce temps-là était celle de la Monarchie et de la République. M. Fustel était d'avis qu'elle serait insoluble, tant qu'on ne s'entendrait pas sur les caractères essentiels et normaux de l'une et de l'autre. Or, d'après lui, la République n'est compatible qu'avec l'aristocratie, tandis que la démocratie s'accommode aisément de la Monarchie.

Il avait été conduit à cette conviction par l'étude de l'histoire. Ayant tour à tour interrogé la Grèce, Rome, la vieille Gaule, l'ancienne France, il avait partout reçu la même réponse,

« C'est la Grèce, disait-il, qui a introduit dans le monde le gouvernement républicain, et c'est une classe aristocratique qui l'a introduit en Grèce. » Dans chaque ville hellénique, une noblesse héréditaire possédait primitivement tous les éléments de force, le sol, les armes, et l'autorité sacerdotale. Rivale de la royauté, elle osa enfin la renverser, et elle lui substitua deux pouvoirs, un sénat qui délibérait sur les affaires communes, et des magistrats électifs qui exécutaient les résolutions du sénat, commandaient l'armée, et jugeaient.

La noblesse, en fondant la République, n'eut garde de fonder la démocratie; elle eut soin, au contraire, d'écarter la foule du corps politique. Mais, à mesure que la classe populaire grandissait, elle éprouvait davantage le besoin d'accroître ses droits, sinon par ambition, du moins pour augmenter sa sécurité. Quand elle triompha, elle s'empressa de remplacer la République par la *tyrannie*. « Parmi les tyrans grecs, les uns furent cruels, les autres doux et modérés; les uns n'usèrent de leur pouvoir que pour la satisfaction de leurs passions; les autres donnèrent à la cité la richesse, la puissance, la gloire même; les uns furent de grossiers chefs de soldats, les autres des hommes d'esprit et des artistes; mais tous se ressemblèrent en un point : ils favorisèrent les classes inférieures aux dépens des classes élevées. La foule ne leur permettait d'être les maîtres qu'à cette condition. Ils étaient les mandataires du peuple contre l'aristocratie. On en trouve bien peu qui n'aient décrété l'abolition des dettes et le partage des terres. Ils frappaient à la fois la richesse et la liberté. »

Ce serait une illusion de croire que les Grecs aient toujours été soucieux de se gouverner librement. Si Athènes n'a plus eu de tyrans après les Pisistratides, et si Sparte n'en a pas eu avant Cléomène, « presque tout le reste de la Grèce a été perpétuellement déchiré entre deux partis, dont l'un voulait la liberté et l'autre la monarchie ». Sans doute il arriva plus d'une fois que le parti populaire essaya de sauver les institutions républicaines; mais « il fut très rare qu'il réussît à s'en servir et qu'il s'y attachât. Dans la plupart des villes, ses essais n'aboutirent qu'à l'anarchie et à la violence, et il se vit le plus souvent obligé de recourir de nouveau à des tyrans. » La forme monarchique lui parut, en général, la meilleure garantie de ses intérêts.

A Rome, la royauté fut aimée de la plèbe et haïe des patriciens. Lorsqu'elle succomba, sa chute provoqua les regrets de la multitude, qui dès lors ne cessa de montrer une inclination marquée pour la domination d'un seul.

Si la République eut le privilège singulier de vivre pendant cinq siècles, ce fut parce que la haute classe lui témoigna une fidélité inébranlable. La Constitution se modifia sensiblement dans ce long intervalle, jusqu'au point de revêtir toutes les apparences démocratiques ; mais l'aristocratie, soit de naissance, soit de fortune, eut toujours assez d'énergie et de souplesse pour se ménager dans l'État une place prépondérante. Par un habile mélange de ruses et de services, d'égoïsme et de désintéressement, elle demeura en possession de la plupart de ses prérogatives, et, malgré les lois elles-mêmes, elle s'appropria dans la pratique presque toute la souveraineté. En vertu d'une fiction universellement acceptée sauf dans quelques moments de crise, le peuple régnait, et l'oligarchie sénatoriale gouvernait.

Qu'on n'aille pas, d'ailleurs, se figurer que la classe inférieure se soit indignée d'une pareille atteinte à ses droits. Ce qui caractérise la plèbe romaine, c'est l'apathie et l'insouciance. Elle n'avait ni le sens ni le goût de la politique. Vivant dans un milieu républicain, on eût dit qu'elle ne s'en apercevait même pas, ou en tout cas qu'elle s'y regardait comme une étrangère. « Quand vous la voyez s'émouvoir et réellement s'agiter, c'est que le mirage de la monarchie a brillé un instant devant ses yeux. » A chaque génération, ses sympathies se portent vers les ambitieux. Elle fit de son mieux pour que Scipion l'Africain s'emparât du pouvoir absolu. Elle appuya Tib. Gracchus tant qu'elle se figura qu'il visait à la royauté, et quand il eut trompé son espoir, elle l'abandonna. Elle compta ensuite sur Marius; mais Marius, berné par l'aristocratie, tira son épée pour la République et contre la multitude. Dans deux circonstances, elle accumula sur la tête de Pompée des prérogatives qui l'assimilaient à un vrai monarque; mais Pompée, soit honnêteté, soit indécision, refusa de sortir de la légalité, et « la foule aussitôt renia son idole ». César comprit enfin ses instincts secrets et se prêta à ses desseins. « Il fut le maître qu'elle attendait depuis cinq siècles. Quand la noblesse l'eut assassiné, elle le vengea; quand le Sénat essaya de ressusciter la République, elle aida Antoine et Octave à rétablir la monarchie. La noblesse et le gouvernement républicain furent vaincus en même temps. »

La fondation de l'Empire suscita partout, sauf dans les classes supérieures, des sympathies dont l'unanimité et l'ardeur prouvent la sincérité. « Ce n'est pas que la démocratie y ait gagné des droits politiques plus étendus; car on ne tarda pas à lui enlever le droit de suffrage et à supprimer les comices; elle ne s'en plaignit pas, et nous n'avons pas le moindre indice qu'elle se soit affligée de cette perte. » Elle assista sans douleur à la ruine de toutes les institutions républicaines, et s'il subsista encore, durant une centaine d'années, un parti d'opposition, il eut le peuple contre lui. « Les princes qui furent le plus détestés du Sénat furent aussi les plus chers à la foule. »

Dans la société gauloise, telle que César la dépeint, nous remarquons « un régime légal et régulier, qui était ordinairement la république aristocratique, sous la direction d'une classe habituée au commandement. Mais à travers ce régime légal se dressait d'une part la clientèle qui créait dans chaque État quelques hommes plus puissants que l'État, et d'autre part, un parti démocratique qui travaillait à fonder la monarchie ou la dictature populaire[1]. »

L'histoire de France nous offre, d'après M. Fustel, un spectacle analogue. Un long fragment, très incomplet puisqu'il commence au lendemain de la bataille de Poitiers et qu'il se termine avec la Fronde, a pour objet de mettre ce fait dans tout son jour.

1. *La Gaule romaine*, p. 43.

Sous l'ancien régime, toutes les classes étaient royalistes, parce que chacune d'elles, dans sa lutte contre les autres, recherchait l'alliance si précieuse de la royauté; le roi était une force que la noblesse, le Tiers-État et le clergé se disputaient. Toutefois il y avait entre elles divergence sur la manière de se comporter avec lui. Lorsqu'on suit les diverses crises que la monarchie eut à traverser, on constate que l'amour de la liberté fut d'autant plus vivace qu'on s'élevait plus haut dans la hiérarchie sociale.

Au temps de Jean II, Étienne Marcel et ses amis ne montrèrent d'hostilité qu'à l'égard des nobles. Ils songeaient beaucoup moins à créer un régime de liberté, « qu'à placer la royauté dans le courant des intérêts et des idées du Tiers-État », et à établir, comme on dirait aujourd'hui, une monarchie démocratique. Si le dauphin Charles avait adhéré à leurs projets, il est à présumer que son autorité effective y eût gagné; mais il s'y refusa, et alors le parti de Marcel, si monarchiste qu'il fût, se trouva acculé à la nécessité de la rébellion ouverte.

Il fut lui-même tout déconcerté de son audace; ses actes « manifestèrent dès lors le trouble le plus profond dans les idées », et il échoua bientôt comme échouent tous ceux qui luttent contre leurs propres principes.

Aux États-Généraux de 1413, les députés s'inspiraient pour la plupart de l'esprit démocratique. Dans les harangues de leurs chefs les plus fougueux, rien ne trahit la moindre irritation contre l'autorité même du roi. « L'Assemblée ne lui contesta aucune de ses prérogatives. Des anciennes libertés du pays, des droits que les générations précédentes avaient considérés comme imprescriptibles, il ne fut pas dit un mot. L'opinion dominante était que la royauté devait être toute-puissante, à la seule condition de frapper les ennemis du peuple. »

Lisez cette ordonnance cabochienne qui est le véritable programme des démocrates du temps. « Non seulement on n'y parle pas de la souveraineté populaire; mais on ne demande pas qu'il y ait désormais une représentation nationale. Le mot d'États-Généraux n'y est pas prononcé. On ne songe ni à rendre aux assemblées publiques le pouvoir législatif ni à prendre aucune précaution contre les excès de la monarchie. Il y a un long chapitre sur les impôts; on n'y oublie qu'une chose, c'est de rappeler le principe du moyen âge qui voulait qu'aucun impôt ne fût établi que du consentement des contribuables. Il y a un autre chapitre sur la justice; le fond en est que la justice soit concentrée de plus en plus entre les mains du roi.... L'ordonnance n'est révolutionnaire qu'en ce sens qu'elle prétend substituer à l'ordre féodal l'ordre monarchique. »

Combien la noblesse fut plus jalouse de défendre les traditions de liberté!

C'est d'elle que vint la seule résistance à laquelle se soit heurté Louis XI. On a tourné en ridicule la *Ligue du bien public*, parce qu'elle a été vaincue. Mais en réalité il s'agissait là d'un mouvement libéral, pareil à ceux qui se produisirent si souvent en Angleterre. Les ligues anglaises eurent un plein succès, parce qu'elles unirent les seigneurs et les communes contre les rois; la ligue française avorta, parce que la bourgeoisie resta sourde à l'appel de l'aristocratie.

En 1481, les États-Généraux de Tours furent en situation d'organiser le royaume à leur guise. Or un seul orateur fit entendre des paroles de liberté, et cet orateur fut un noble bourguignon, Philippe Pot de la Roche [1]. Il proclama que la royauté avait été créée « par les suffrages du peuple souverain », que l'État était « la chose du peuple », et que le prince n'avait point de titres à la puissance absolue, « puisqu'il n'existait que par le peuple », c'est-à-dire par l'ensemble des trois ordres.

Quel contraste entre ce fier langage et celui du chanoine démocrate Jean de Rély, qui met toute sa confiance dans le bon plaisir du roi, qui attend de lui toutes les améliorations, qui impute la plupart des abus à la noblesse, et qui insiste spécialement sur cette maxime que l'office de la royauté est de « relever les povres de oppression ! » Parmi les assemblées de l'ancien régime, aucune n'eut une composi-

1. M. Fustel oublie Jean Masselin, théologal de l'archevêque de Rouen.

tion aussi démocratique, ni des tendances plus monarchiques que les États de Tours [1]. Ils choisirent pour organe Jean de Rély, et, malgré les vigoureuses exhortations de Philippe Pot, ils n'osèrent rien résoudre par eux-mêmes; c'est tout au plus s'ils votèrent une légère diminution d'impôts. « Les théories libérales du grand seigneur bourguignon, repoussées par la majorité du pays, tombèrent peu à peu en oubli, et les principes monarchiques régnèrent désormais sans conteste. »

Le malheur est que cette noblesse, où paraissait s'être réfugié le goût de l'antique liberté, fut précipitée dès le XVIe siècle dans une irrémédiable décadence. Dépouillée de son autorité par les efforts combinés du roi et du Tiers-État, appauvrie autant par les vices économiques de la société que par ses propres imprudences, elle n'eut plus d'autre ressource que de se rapprocher du souverain, pour obtenir du suprême

1. S'ils manquèrent parfois de courage, ils eurent tout au moins le mérite d'invoquer le vieux principe du consentement de l'impôt et d'arracher au roi la promesse que les États-Généraux seraient réunis « de deux en deux ans ». (*Journal de Masselin*, p. 449 et 451.)

dispensateur des grâces les charges lucratives, les abbayes, les grades militaires, les pensions, bref les avantages pécuniaires et honorifiques qui étaient la récompense habituelle des courtisans dociles et assidus. « Alors il ne fut plus question d'indépendance. Le pouvoir absolu que les pères avaient combattu fut servi par les fils. Ils gardèrent à la vérité dans cette sorte de servitude un grand air et une dignité extérieure. On eût même trouvé au fond de leurs cœurs le sentiment natif de l'insubordination et la haine persistante du despotisme. Ils étaient prodigues de respect et très ménagers d'obéissance, et leur vénération ne fut jamais de la servilité. Qu'une occasion se présentât, comme la mort de Louis XIV ou la guerre d'Amérique, et leur amour instinctif pour la liberté se réveillait tout à coup et poussait sa pointe. Mais ce n'étaient là que des soubresauts d'un moment et d'impuissantes ardeurs. Dépourvue de force personnelle et privée de l'appui des autres classes, cette noblesse ne pouvait plus se raidir contre la monarchie absolue ni soutenir sa grande lutte en faveur des libertés publiques. »

Le rôle que désertait ainsi la noblesse d'épée passa à la noblesse de robe. Dans des pages d'une précision admirable, M. Fustel montre comment du sein de la roture surgit une aristocratie de fonctionnaires financiers et judiciaires qui, ayant pour eux le nombre, la richesse, l'hérédité, les lumières, l'esprit de corps et le monopole de certaines attributions plus particulièrement redoutables, finirent par se hausser jusqu'au premier rang. Officiellement, ils étaient de simples agents du roi; mais, par cela seul qu'ils formaient une aristocratie, ils furent ennemis, sinon de la royauté, du moins du bon plaisir royal. Ils protestèrent toujours, et en toute sincérité, de leur fidélité monarchique; mais il leur fallut obéir à cette secrète loi qui veut que tout ce qui est élevé soit amoureux de liberté, et ait en horreur l'absolutisme.

Ainsi s'explique la conduite de la magistrature pendant la Fronde. Si éloignée qu'elle fût de toute pensée de révolte ou de mutinerie, elle se « dressa comme une barrière contre l'indépendante autorité des rois » ; elle leur signifia qu'ils tiraient toutes leurs prérogatives d'un pacte primitif « d'alliance » avec la nation ; elle réclama le droit d'annuler leurs édits par son véto, et elle leur dénia ce pouvoir de légiférer qu'ils avaient usurpé depuis le moyen âge. La déclaration du 24 octobre 1648, telle qu'elle sortit des délibérations du Parlement de Paris, assité des autres cours souveraines, rappelle de tous points ce que les Anglais du XIIIe siècle nommaient une charte. Après l'avoir soigneusement analysée, M. Fustel l'apprécie en ces termes : « Il est difficile de dire ce qui fût advenu si cette tentative avait réussi. Il semble au moins bien avéré qu'un régime légal se fût établi à la place du régime arbitraire, que le gouvernement désormais eût reposé sur une constitution, au lieu d'être tout entier dans la volonté d'un seul homme, que la royauté aurait eu à côté d'elle un contrôle permanent et efficace. La marche de la société vers la démocratie eût été peut-être enrayée, mais la royauté n'aurait pas non plus triomphé. Un régime qui aurait fait que chaque homme en France n'aurait plus obéi qu'aux lois et n'aurait été assujetti qu'à la justice régulière eût certainement transformé les sujets en citoyens. La royauté privée du droit de faire les lois et d'emprisonner arbitrairement n'aurait pesé à personne. Cette même royauté, privée du droit d'établir des impôts à sa fantaisie, aurait perdu du même coup le droit de faire la guerre. La direction des affaires publiques eût passé indubitablement dans les mains de ce Parlement de Paris, qui, par suite de cette extension même de son autorité, se fût modifié et élargi. La nation se fût en réalité gouvernée elle-même, sinon par des assemblées électives, du moins par des procédés qui auraient eu pour le moins autant de force et d'efficacité que l'élection. Elle eût dirigé elle-même ses destinées par l'organe de ce qu'il y avait en elle après tout de plus élevé par la situation sociale et les lumières. »

Ce résumé historique nous donne la clef des doctrines politiques de M. Fustel de Coulanges. Persuadé que la politique est une science d'observation, il érigeait en lois les leçons du passé et réglait sur lui l'avenir comme le présent. Aussi était-ce sans hésitation qu'il identifiait l'aristocratie avec la république et la démocratie avec la monarchie, étant bien entendu d'ailleurs que pour lui république est synonyme de liberté et monarchie synonyme d'absolutisme. « La monarchie, dit-il, est cette forme de gouvernement dans laquelle un seul homme fait la loi, établit les impôts, fait la guerre ou la paix et peut imposer sa volonté souveraine à tous. La république est une forme de gouvernement constituée de telle sorte que la volonté d'un seul homme ne puisse régir toute une société, que cette société se gouverne elle-même, que le citoyen n'obéisse qu'aux lois et que les lois soient faites par la nation. La liberté est l'exercice des droits individuels, tels que le droit d'aller et venir, de vendre et d'acheter, de travailler et de jouir du fruit de son travail, de penser et d'exprimer sa pensée, de parler et d'écrire, de prier Dieu suivant sa conscience. Cette liberté n'est ni la monarchie ni la république; mais elle s'accorde mieux avec la république qu'avec la monarchie. La république lui offre en général des garanties; la monarchie ne lui en laisse aucune. Aussi la raison et la logique voudraient-elles que les mêmes hommes fussent libéraux et républicains, et que les mêmes hommes fussent ennemis de la liberté et partisans de la monarchie. »

Mais la confusion des idées est telle depuis cent ans que bien peu de gens se rendent compte de ce qu'ils sont et de ce qu'ils pensent. Beaucoup se croient républicains qui, au fond, sont monarchistes, et beaucoup se déclarent monarchistes qui, au fond, sont républicains. On amalgame des choses qui jurent d'être accouplées et qui se nuisent mutuellement. On inscrit dans une même formule les mots *liberté*, *égalité*, *fraternité*, comme si la liberté et l'égalité ne se gênaient pas l'une et l'autre, et surtout comme si la fraternité qui implique « la subordination de l'individu à ses semblables » n'était pas la négation de la liberté qui implique l'indépendance de l'activité personnelle. On exclut systématiquement des affaires les classes supérieures, qui seules sont aptes à les manier avec méthode, et on place entre les mains de la foule ignorante et aveugle non seulement le principe, mais même l'exercice de la souveraineté. Faute de connaître leurs aspirations réelles et de comprendre leurs véritables intérêts, la plupart se rangent sous un drapeau qui n'est pas le leur et luttent contre eux-mêmes. S'agit-il de nous choisir des chefs, nous allons volontiers les chercher parmi nos adversaires. S'agit-il d'organiser un régime quelconque, nous l'affublons d'institutions dont il ne peut s'accommoder, et nous jetons en lui des germes de mort. Le parti monarchique, qui sort d'une classe foncièrement libérale et républicaine, s'acharne le premier à ruiner la monarchie par ses exigences, et c'est sous les coups des républicains que succombe la république, parce qu'elle répugne, sans qu'ils s'en doutent, à leurs sentiments intimes.

Pour établir une république viable il faut, dans l'opinion de M. Fustel, une aristocratie très large peut-être, mais enfin une aristocratie. Or, une classe de ce genre existe d'après lui à l'état diffus, même dans la France contemporaine. « Cette classe se compose non pas de ce qui est riche, mais de ce qui est éclairé, de ce qui travaille et possède les qualités de caractère et d'esprit qui font fructifier le travail, de ce qui possède une influence légitime et salutaire. Elle n'est pas héréditaire ; elle se recrute incessamment dans la démocratie ; elle accepte et attire ce qu'il y a de plus laborieux et de plus intelligent dans les classes inférieures, et elle repousse de son sein l'homme incapable et corrompu. Elle n'exerce aucune tyrannie, elle ne se réserve aucun privilège. Elle n'appauvrit personne ; c'est elle au contraire qui enrichit. Son opulence engendre l'aisance des travailleurs ; son luxe est le pain du pauvre. Elle est la fleur de la société, elle en est l'appui et la gloire, la vigueur et l'éclat. » Il y a là une masse énorme de quatre ou cinq millions de têtes, qui représente « la partie sérieuse, réfléchie, consistante de la nation ». Cette élite devra être « également conservatrice et libérale » ; elle ne deviendra « ni le jouet des ambitieux, ni la proie des charlatans »; elle saura « parler, agir, au besoin combattre » ; elle aura assez de lumières pour nommer de bons mandataires, et assez de fécondité pour tirer d'elle-même « des soldats et des généraux, des diplomates et des administrateurs, des savants et des artistes ». Elle bannira toute pensée d'égoïsme et d'oppression. La suprématie des hautes classes n'est efficace que si elle entraîne l'adhésion universelle. Aux autres on demandera « non pas leur obéissance, mais leur confiance »; on tâchera de les convaincre que le gouvernement de l'aristocratie leur est « utile et profitable ». M. Fustel exige d'elle en un mot qu'elle ait le « tempérament viril, le courage, la force, la volonté », qu'elle songe peu à ses intérêts et beaucoup à l'intérêt public, qu'elle se sente plus d'obligations que de droits, qu'elle pousse très loin le souci de son devoir et de sa responsabilité, qu'elle manifeste les qualités contraires aux défauts de la démocratie, « la constance, la discipline, la réflexion, l'abnégation, un patriotisme exempt de vantardise, plutôt de l'orgueil que de la vanité ». Il n'y a pas injustice à rayer du corps politique tous ceux que l'humilité de leur condition ou la nullité de leur intelligence rend impropres au rôle de citoyen actif. Voter, gouverner, n'est pas un droit qu'il faille communiquer à tous indistinctement; c'est une fonction qu'il faut attribuer aux plus dignes, principalement dans une république, sous un régime qui repose non sur l'hérédité, mais sur l'élection, ou, en d'autres termes, sur le choix.

M. Fustel de Coulanges s'est amusé à esquisser le plan d'une sorte de constitution idéale de la France actuelle.

« La politique est la science des intérêts communs, et les intérêts communs ne sont eux-mêmes que la conciliation des intérêts particuliers. » La nation « garantit aux propriétaires la jouissance de leur propriété, aux commerçants la paix publique, aux travailleurs, soit patrons, soit ouvriers, la liberté des contrats, la liberté d'association et la sécurité. Elle ne favorise ni les riches contre les pauvres, ni les pauvres contre les riches. A celui qui possède, elle assure la conservation de son bien; à celui qui ne possède pas, elle assure les moyens d'acquérir légitimement; elle prête aide à tous pour améliorer leur existence. Elle assure à chacun la liberté : la liberté consiste à n'obéir qu'aux lois et à n'être jugé que par la justice régulière. Elle assure à chacun la libre conscience; elle n'interdit aucun culte et n'en prescrit aucun. » Contre les ennemis extérieurs, elle a une armée et une flotte; contre les malfaiteurs, elle a une gendarmerie. Pour trancher les litiges et punir les crimes, elle a des tribunaux. Elle entretient des routes et des canaux, veille sur les chemins de fer et conclut des traités de commerce. Comme l'ignorance est nuisible à la société, elle proclame la nécessité de l'instruction de tous, et « fait les frais d'un enseignement public ». Elle prend enfin à sa charge les établissements de charité, tels que hospices, hôpitaux, ouvroirs, dépôts de mendicité.

Un système de contributions pourvoira à ces diverses dépenses. M. Fustel supprime tous nos impôts, sauf les patentes, les droits d'enregistrement, les droits de succession et les droits sur l'alcool, et il les remplace : 1° par une taxe sur les propriétés mobilières et immobilières, 2° par une taxe sur les revenus industriels et commerciaux, les traitements et les salaires. Ces deux taxes, étant une simple prime d'assurance, doivent être proportionnelles au capital ou au revenu assuré ; toutefois on dégrèvera les citoyens les plus pauvres.

« Tous les contribuables ont le droit de déterminer par leurs délégués le chiffre des contributions, le mode de perception et l'emploi des recettes. » A cet effet, ils élisent une *Chambre des Comptes*, dont les cent cinquante membres sont répartis entre les départements au *prorata* du rendement de l'impôt. Cette Chambre vote le budget et juge les causes fiscales. Il y aura donc une étroite corrélation entre les privilèges et les charges, et ainsi sera satisfait ce besoin d'équité qui est aussi impérieux dans la vie sociale que dans la vie individuelle. Tout le poids des impôts retombera sur les propriétaires et les rentiers ; mais ceux-ci auront en échange des prérogatives considérables pour tout ce qui a trait aux finances de l'État ; ce sont eux qui alimenteront le Trésor, et ce sont eux qui en auront la gestion. En outre, la richesse sera soustraite aux convoitises du socialisme, et l'impôt ne risquera pas d'être détourné de son affectation normale pour servir, comme certains le voudraient, à niveler les fortunes.

A côté de la Chambre des Comptes, M. Fustel crée un *Corps législatif* d'environ trois cent cinquante membres. Puisque la loi est la même pour tous, tous, sans distinction de classe, doivent concourir par l'organe de leurs mandataires à la confection de la loi. Il avait d'abord songé à instituer plusieurs catégories d'électeurs, non d'après le procédé censitaire, mais suivant les affinités d'intérêts. « La société moderne est composée d'éléments très complexes. Nous ne sommes pas un peuple, nous sommes dix ou quinze peuples, qui vivons sur le même territoire, qui nous mêlons, mais qui différons d'intérêts, d'habitudes, de manière de penser, et même de langage. » N'est-il pas naturel et juste que chacun de ces groupes de citoyens confie la défense de ses intérêts aux hommes qui sont le mieux en situation de les connaître? « Que ceux qui cultivent le sol nomment un député par arrondissement; que ceux qui travaillent dans l'industrie en nomment un ou deux par département; que les commerçants en élisent un; que les magistrats, que les avocats, que les médecins, que les professeurs et les artistes, que les corps savants choisissent directement leurs députés; que les capitalistes, que les rentiers d'état, les actionnaires des grandes compagnies aient aussi les leurs; n'aurons-nous pas là la représentation la plus fidèle et la plus exacte du pays? » M. Fustel espérait que de ce mode d'élection émanerait une assemblée divisée, sans doute, mais soucieuse de faire prévaloir l'esprit pratique sur l'esprit de chimère et d'utopie. Pourtant, il renonça bientôt à ce projet, et il adopta finalement le suffrage universel.

On a répété bien souvent que la tyrannie d'une assemblée était pire encore que celle d'un homme. Pour prévenir tout abus de la part du Corps législatif, M. Fustel imagina de l'assujettir, dans une certaine mesure, à une *Haute Cour*, dont les soixante juges seraient désignés à vie par les membres de l'Institut, les professeurs des facultés de droit, la Cour de cassation, les présidents des Cours d'appel et des tribunaux, les bâtonniers de l'ordre des avocats de chaque ressort judiciaire. Cette cour de justice aurait pour mission de conserver « ce qui ne doit ni périr ni être modifié, ce qui est au-dessus du caprice des peuples et du jeu des révolutions, le droit, c'est-à-dire le respect de la vie, de la propriété, de la liberté et de la conscience d'autrui ». Indépendante par ses origines et par son inamovibilité, environnée d'un grand prestige, étrangère aux passions et aux conflits des partis, elle aurait d'autant plus de force pour veiller à l'exécution des lois et frapper de nullité tout attentat de la loi elle-même ou d'un fonctionnaire contre les droits primordiaux du citoyen. Par là, la minorité serait à l'abri des violences de la majorité, et la majorité elle-même serait protégée contre ses propres entraînements.

Sur la forme du gouvernement, M. Fustel a

varié d'opinion. « Que vous importe, disait-il d'abord, le nom du gérant de votre association ? Ce n'est pas lui qui régnera, ce sont les lois. Vous ne paierez d'impôts que ceux que vous voterez ; vous ne serez jugés que par la justice régulière ; tous vos intérêts seront discutés par vous. Il n'y aura pas une guerre, pas une alliance, pas un traité de commerce sans votre assentiment. Que vous fait après cela le titre de l'homme qui exécutera les volontés communes, qui se trouvera lié par le contrat, qui sera lui-même, et tout le premier, soumis à vos lois ? » Mais précisément parce que la question était secondaire à ses yeux, il adhéra à la République qui existait déjà, au moins nominalement.

Une des pièces maîtresses de sa machine gouvernementale était le *Conseil d'État*. Cinquante conseillers auraient la tâche non seulement de rédiger les règlements d'administration publique, et de préparer, le cas échéant, les projets de loi, mais encore d'éclairer et d'assister journellement le président de la République et les ministres, de ratifier les traités d'alliance et de commerce, et d'autoriser les déclarations de guerre. Ils seraient nommés pour dix ans et renouvelés par cinquième tous les deux ans. Ce devait être là le corps politique par excellence. Aussi était-il nécessaire d'y maintenir la continuité des vues, sans cependant lui attribuer un caractère viager qui l'eût peut-être trop isolé du pays. Le président, élu pour quatre ans et non rééligible, aurait droit ensuite à un siège inamovible dans ce conseil.

La réunion de la Chambre des comptes, du Corps législatif, de la Haute Cour et du Conseil d'État constituerait l'*Assemblée nationale*. Les deux tiers de ses membres seraient donc issus du suffrage universel, et l'autre tiers du suffrage restreint ou à deux degrés. Ce n'est pas lui qui désignerait, le Président de la République, c'est le Conseil d'État; mais c'est à elle qu'incomberait la nomination des conseillers d'État. En outre, elle aurait seule qualité pour reviser la loi fondamentale de la nation.

Telles sont en gros les conceptions politiques de M. Fustel de Coulanges. Ces œuvres de cabinet, alors même qu'elles ont été méditées à loisir, sont toujours très défectueuses. Je n'ai nullement l'intention de prendre la défense de celle-ci, d'autant plus que rien, en pareille matière, ne vaut les lumières de l'expérience. La charte élaborée par M. Fustel a été ignorée du public; elle a eu, par conséquent, soit la bonne fortune, soit le malheur de n'être jamais expérimentée. Mais, quels qu'en soient les vices, elle a du moins l'avantage de dériver d'une inspiration très noble. Le sentiment de la justice, l'amour de la liberté, le respect du droit, le souci de la dignité humaine y éclatent à chaque ligne, et elle atteste un effort peut-être chimérique, mais en tout cas fort sincère, pour résoudre le problème qui consiste à établir une république libérale et équitable.

Elle est encore intéressante par un autre point, je veux dire par les liens intimes qui la rattachent à l'histoire. Ce n'est pas assez de remarquer la pensée directrice, qui, de l'aveu même de l'auteur, l'a guidé dans tout son travail. Jusque dans les détails, c'est l'histoire qui lui a presque tout fourni. Examinez successivement tous les rouages que j'ai énumérés; vous les retrouverez pour la plupart dans quelque législation ancienne ou moderne. La Haute Cour rappelle à la fois la Cour suprême des États-Unis et l'Aréopage d'Athènes. Le Conseil d'État est analogue au Sénat romain et à certains corps de la vieille France. Ce Président de république qui au bout de quatre ans va se perdre dans le Conseil d'État a des traits de ressemblance avec les archontes athéniens. Il serait facile de multiplier les rapprochements et de se convaincre que M. Fustel, dans tout ceci, ne s'était guère mis en frais d'imagination. Était-ce stérilité d'invention? C'est possible. Mais il est possible aussi, vu la tournure de son esprit, qu'il se soit, de propos délibéré, refusé à rien introduire dans sa constitution qui n'eût déjà subi l'épreuve du temps. Il comptait rencontrer ainsi des moyens plus efficaces de conjurer les graves dangers que redoutait son patriotisme.

Parfois, en effet, l'avenir se présentait à lui sous un jour affreux. Il voyait la France marchant aveuglément vers la démocratie, par suite vers la monarchie qui en est, disait-il, le complément indispensable, et ce spectacle lui causait de vives alarmes; car la monarchie populaire qu'il apercevait à l'horizon n'était point de nature à le rassurer. « Ce ne sera pas, écrivait-il, une monarchie apparente, mensongère, un décor qui recouvre la liberté et déguise la république. Ce sera la vraie monarchie, celle qui supprime la liberté, celle qui règne despotiquement sur le corps et sur l'âme, celle qui n'accepte aucune limite et ne tolère aucune opposition, celle qui voudra tout régler, tout décider, tout faire, celle qui prétendra organiser le travail à sa guise, celle qui brisera la concurrence, éteindra toute activité, abaissera toute richesse sous le niveau d'une même pauvreté, annulera toute supériorité intellectuelle et morale, et fera régner dans la triste et sombre France l'égalité de l'ignorance et de la misère. »

CHAPITRE V

L'enseignement de Fustel de Coulanges à l'École normale supérieure et à la Sorbonne.

Je me rappelle encore l'impression que M. Fustel de Coulanges produisit en 1871 sur ma promotion. Nous avions été habitués jusque-là à un enseignement très dogmatique, le seul d'ailleurs qui convienne à des élèves de lycée, et brusquement nous nous trouvions en présence d'un maître qui nous invitait à ne jamais le croire sur parole, qui même nous provoquait à la controverse. L'auteur de la *Cité antique* nous paraissait pourtant plus que personne digne de prononcer des oracles, et nous attachions tous une valeur exceptionnelle à ses moindres affirmations. Mais cela même doublait à nos yeux le poids de ses conseils. Le langage qu'il nous tenait à cet égard n'avait en soi rien de bien original; mais il était tout nouveau pour nous, qui étions à peine échappés du collège, et il nous remuait profondément parce qu'il empruntait une autorité particulière à la bouche d'où il sortait.

Cet appel adressé à notre liberté intellectuelle avait encore un autre attrait : il nous inspirait une confiance presque illimitée dans nos propres forces, et nous donnait au moins l'illusion de penser que nous étions aptes aux plus difficiles entreprises. Quels beaux projets nous avons alors formés! Quelles vastes ambitions nous avons conçues! Et quel ravissement quand nous avions la chance de découvrir, en attendant mieux, une petite nouveauté qui, après examen, n'était souvent qu'une erreur! « L'enseignement, disait plus tard M. Fustel, doit être un éveil des esprits. Au grand effort que fait pour chaque leçon le professeur répond une impression vive de l'étudiant ou de l'auditeur; son esprit est excité, et d'une certaine façon travaille. » La méthode allemande, qui consiste à dicter presque une série de cahiers à peu près immuables, « laisse l'étudiant passif; avec la méthode française, quand elle est bien pratiquée, il est actif et toute son intelligence est mise en mouvement [1] ». Ce mérite que par politesse il attribuait à tous ses collègues, il le possédait, quant à lui, au suprême degré. S'il en est parmi ses élèves qui ont l'amour désintéressé de la science, le goût des recherches ardues, l'âpre passion du vrai, c'est à lui qu'ils en sont redevables; c'est lui qui a déposé dans leur cœur une parcelle du feu sacré qui l'animait; c'est lui dont l'ardeur continue d'échauffer leur parole et leurs écrits.

Bien qu'il fût spécialement chargé de l'histoire des Grecs et des Romains, M. Fustel de Coulanges nous parlait volontiers des peuples de l'Orient; il nous fit même quelques leçons sur les Gaulois. Dans ce domaine qui lui était peu familier, il éprouvait une certaine gêne : il ignorait la langue des documents originaux,

1. *Revue des Deux Mondes*, 15 août 1879.

et je vois encore de quel air navré il nous avouait qu'il n'était pas égyptologue. Il ne se bornait pas cependant à résumer devant nous des ouvrages de seconde main et à nous ressasser les opinions d'autrui; c'est toujours aux textes, ou du moins à leurs traductions, qu'il remontait, poussant parfois la hardiesse jusqu'à nous avertir que tel mot, que telle phrase, avaient été probablement mal rendus.

Quand il abordait ensuite l'antiquité classique, il se sentait sur un terrain plus solide. Il avait amassé sur la société hellénique et sur la société romaine un bagage énorme de connaissances et d'idées, et il n'avait qu'à puiser dans ce riche trésor pour alimenter son cours. Généralement, c'est de l'étude des institutions politiques qu'il s'occupait avec nous; mais il était visible que pour tout le reste il était aussi bien préparé. Sans être philologue de profession, il avait un sens très profond de la langue latine et de la langue grecque, et il excellait à démêler la signification exacte des mots. Il avait en outre toute la force d'intuition qu'exige l'histoire d'une époque sur laquelle nous n'avons souvent que des renseignements vagues, confus et contradictoires, et qui nous oblige perpétuellement à deviner, sans jamais inventer.

Pendant les cinq années qu'il passa à l'École son travail personnel était orienté vers nos origines nationales; mais son enseignement n'en souffrit pas. Il ne céda même pas à la tentation de rédiger ses leçons pour n'avoir plus à y revenir. Il estimait avec raison qu'une leçon n'est pas une lecture, et que la parole est le meilleur moyen d'agir sur les esprits.

Quel que fût son sujet, il n'apportait avec lui qu'un plan très sommaire et un petit nombre de textes classés avec soin. Il n'était pas de ces professeurs qui ne montrent au public que le sommet de leur crâne, et dont les yeux sont obstinément attachés au volumineux paquet de feuilles que leurs doigts tournent sans cesse. Il parlait d'abondance, la tête haute, et les regards fixés sur son auditoire. Il n'avait pas cette facilité déplorable que caractérise l'écoulement ininterrompu d'un robinet d'eau tiède. Son langage, sans être embarrassé, n'avait rien de fluide. Il trouvait ses mots, mais il les cherchait. L'effort était manifeste chez lui; mais ce qu'il nous offrait en spectacle, ce n'était pas la lutte contre une mémoire rebelle, c'était plutôt la poursuite de l'expression la plus conforme à la pensée. Il ne visait ni à l'élégance, ni à l'éclat, ni au pittoresque. L'histoire était à ses yeux une muse austère qui dédaigne tout ornement et qui songe peu à plaire. Ses qualités de prédilection étaient la sobriété, la précision et la clarté. Il avait horreur des phrases à effet et des morceaux de bravoure. Il ne voulait être dans sa chaire ni poète, ni orateur, ni comédien; il lui suffisait de dire nettement ce qu'il croyait être la vérité. Sa parole avait une rigueur toute géométrique; c'était l'éloquence du savant, surtout du mathématicien, abstraite sans aridité ni sécheresse, pauvre en images, et riche en formules. Quand on l'écoutait, le cœur n'était pas ému, l'esprit n'était pas charmé; mais l'intelligence était entièrement satisfaite, parce qu'il ne subsistait pour elle rien d'obscur ni d'équivoque, et qu'elle nageait en pleine lumière.

C'est une rude tâche que de parler devant

une vingtaine de jeunes gens qui sont à bon droit difficiles, et de captiver leur attention pendant une heure et demie. M. Fustel n'avait pas besoin, pour y réussir, de recourir à ces subterfuges qu'emploie souvent le maître le plus consciencieux. D'un bout à l'autre de sa leçon, il ne prenait et ne nous donnait aucun moment de relâche. Je n'ai pas souvenance qu'il ait une seule fois essayé de nous amuser ou de nous distraire, que jamais il ait vagabondé hors de notre champ d'études. Nul ne peut se vanter d'avoir aperçu sur ses lèvres le moindre sourire, ni d'avoir recueilli de sa bouche une phrase gaie. Le prêtre qui officie dans son église n'est pas plus sérieux que l'était M. Fustel dans la salle de conférences. Il y avait dans les religions antiques des croyances et des pratiques qui prêtent, si l'on veut, à la plaisanterie. M. Fustel n'avait garde d'éluder ces pieuses obscénités; mais il touchait à ces choses avec un tel sentiment de respect qu'aucun de nous n'était tenté d'en rire.

Cet enseignement si sévère était loin pourtant d'être froid et compassé. M. Fustel de Coulanges avait l'enthousiasme de la foi, j'entends de la foi scientifique, fondée sur des preuves rationnelles. Quand une vérité lui paraissait bien établie par les documents, il s'y tenait aussi énergiquement que d'autres à un dogme révélé, et son plus grand plaisir était de la communiquer à ses élèves. Il n'y avait place dans son esprit ni pour l'indifférence ni pour le dilettantisme. Il avait en matière d'histoire des convictions très fermes qu'il était heureux de propager autour de lui. Ses leçons n'étaient pas pour lui une occasion de faire parade de son talent, mais un moyen de combattre l'erreur et de répandre des idées justes. Il se considérait très sincèrement comme un apôtre de la science, et il voyait dans sa chaire un centre de prédication. Aussi quel feu dans la parole, dans le regard, et jusque dans cette voix grêle et suraiguë qui pénétrait à la façon d'une vrille dans nos oreilles et dans nos cerveaux! On sentait en lui un homme qui, oubliant pour l'instant toute préoccupation personnelle, se livrait tout entier à sa noble besogne, et cela donnait à son cours une intensité extraordinaire de vie et d'intérêt, surtout lorsqu'on réfléchissait que cette flamme secrète semblait consumer un corps trop débile pour la nourrir. D'ailleurs, même dans cette circonstance, il demeurait constamment correct et maître de lui; une sorte de distinction naturelle le préservait de tout éclat bruyant, de tout geste exubérant, de toute agitation déréglée, et sa tenue comme son langage échappaient toujours à la vulgarité.

Tous les ans il embrassait dans son cours des périodes assez étendues de l'histoire ancienne. Mais si rapide que fût sa marche, il n'était jamais vague ni superficiel. Il négligeait de propos délibéré les détails oiseux, les vaines curiosités, les événements insignifiants, et ne s'attachait qu'aux grandes lignes des questions. Il ne s'attardait pas davantage à nous signaler les principales théories des modernes; sans nous les dissimuler entièrement, il n'y faisait que de brèves allusions, et c'était presque toujours pour les réfuter.

Chacune de ses leçons portait sur un ou deux

points essentiels. S'il s'agissait par exemple de Périclès, il ne s'astreignait pas à nous raconter tout au long sa biographie; il lui suffisait de montrer comment ce personnage avait conçu l'organisation de la démocratie athénienne. Parlait-il du premier consulat de César? Il ne se perdait pas dans l'énumération de toutes ses lois et de tous ses actes; il se contentait de relever dans sa conduite les traits qui annonçaient le futur fondateur de l'Empire. Tout se ramenait ainsi à la démonstration d'une idée maîtresse, qu'il ne choisissait pas arbitrairement, qu'il allait prendre plutôt au cœur même du sujet. Une fois qu'il avait mis cette idée en vedette, il y insistait fortement; il la tournait et la retournait en tous sens, et il l'entourait de tout le faisceau de preuves que lui fournissaient les documents.

Il n'avait pas une de ces éruditions charlatanesques qui se hérissent de textes mal digérés et de références souvent puisées à des sources suspectes. Les textes qu'il invoquait, il les avait lus de ses yeux dans l'auteur même d'où il les tirait; il les citait dans l'original; il les discutait devant nous ; et comme il se souciait beaucoup plus de nous convaincre que de nous éblouir, il les voulait peu nombreux, mais absolument probants.

Ces qualités réunies frappaient vivement notre esprit. Ceux même qui ne se destinaient pas à la section d'histoire ne pouvaient s'empêcher de goûter un talent où se confondaient tant de mérites divers : l'exactitude des connaissances, la solidité de l'argumentation, la richesse et la profondeur des idées, la belle ordonnance de l'exposition, la clarté lumineuse, la vigueur et le tour classique de la parole. Quant aux *historiens*, ils s'initiaient, en écoutant M. Fustel de Coulanges, aux règles de sa méthode, si bien définie par lui-même en ces termes : « Nulle généralisation, nulle fausse philosophie, pas ou peu de vues d'ensemble, pas ou peu de cadres, mais quelques sujets étudiés dans le plus grand détail et sur les textes[1]. » A peine sortis de sa conférence,

1. Lettre à M. Geffroy, datée du 25 septembre 1875, et publiée dans la *Revue internationale de l'enseignement* (t. IX, p. 411).

nous causions volontiers entre nous de ce que nous avions entendu. Quelques-uns épuisaient en son honneur toutes les formules de l'éloge. Leur enthousiasme était tel qu'il excitait les railleries de leurs camarades et provoquait de leur part mille taquineries. Mais au fond l'admiration pour M. Fustel était un des points sur lesquels nous nous accordions le mieux.

Si précieuses que fussent ses leçons, elles n'étaient, dans son opinion, que la partie accessoire de sa tâche. Il n'attribuait qu'une importance secondaire à « l'enseignement dogmatique, celui qui part du maître et qui s'impose aux esprits, ou qui, plus souvent, passe sur eux sans laisser de traces ». La conférence, c'est-à-dire « l'instruction de l'élève par lui-même, l'enseignement sortant de son propre effort et de ses recherches personnelles, sous le stimulant et avec le contrôle de l'effort pareil et des recherches personnelles de ses égaux », telle était pour lui la grande utilité de l'École, et voici comment il aurait souhaité que l'on procédât : « On se réunit dans une très petite salle; quelques jeunes gens sont assis autour du

RF

maître. Le maître fait quelquefois une leçon ; le plus fréquemment, c'est l'élève qui parle. Il a étudié un sujet indiqué d'avance ; tantôt il lit, tantôt il improvise. Quand il a fini, les autres élèves argumentent et discutent. Enfin le professeur approuve ou blâme la méthode suivie, rectifie ou ajoute, conclut la discussion[1]. »

Nul doute qu'un pareil système ne soit très fécond et qu'il ne faille s'y conformer le plus possible ; mais, dans la pratique, les choses, de notre temps, ne marchaient pas si bien. Même quand M. Fustel nous interrogeait sur sa leçon précédente et qu'il nous pressait de lui soumettre nos doutes, la plupart d'entre nous se dérobaient. Ce n'était de notre part ni timidité ni indifférence ; mais d'où seraient venues nos objections contre un professeur de qui nous tenions à peu près tout ce que nous savions sur l'histoire ancienne ? D'autant plus que ce qu'il attendait de nous, c'étaient des

1. Les idées de M. Fustel sur l'enseignement supérieur, et en particulier sur l'École normale, sont condensées dans un article de la *Revue des Deux Mondes* (15 août 1879), et dans une lecture faite à l'Académie des sciences morales (*Compte rendu*, t. CXXI, 1884).

textes, des faits précis, et non pas de vagues conjectures et des assertions en l'air. Un jour, cependant, l'un de nous se risqua à lui apporter une phrase de Tite-Live qui ébranlait une de ses théories les plus chères. M. Fustel la lut avec attention, l'examina de près, et avoua en toute sincérité qu'elle lui avait échappé. Mais, avant de capituler, il demanda qu'on lui en indiquât exactement la provenance, pour qu'il pût vérifier « si le contexte ne modifierait pas le sens du texte ». Or la phrase avait été fabriquée de toutes pièces à l'École même. On cacha tant bien que mal la supercherie, et ce fut en somme le mystificateur qui se trouva mystifié.

Il était rare également que nos leçons hebdomadaires amenassent une discussion générale ; habituellement, elles n'étaient suivies que d'un échange d'observations entre l'élève et le maître. Les plus tenaces défendaient vaillamment leurs positions ; quant à l'auditoire, il assistait muet à la lutte, sans y participer. Il nous déplaisait même que la résistance se prolongeât outre mesure, vu qu'elle nous privait du plaisir d'entendre M. Fustel traiter à son tour le sujet.

Les critiques qu'il nous adressait étaient d'une excessive indulgence; il ne montrait quelque sévérité que pour nos travaux écrits, encore qu'il y mît beaucoup de ménagements. Presque toujours, il commençait par dire que la leçon était excellente, et les plus naïfs se laissaient prendre à ce compliment banal. Il avait certes trop de perspicacité pour méconnaître nos défauts; mais je présume qu'il craignait de froisser notre amour-propre et qu'il ne voulait décourager personne. Il était d'ailleurs facile, surtout pour ceux qui n'étaient pas en cause, de discerner quel était son véritable sentiment; car il arrivait souvent qu'une leçon qu'il avait tout d'abord louée, il la réduisît immédiatement après à néant.

Chose étrange! ce professeur doué d'un sens littéraire si sûr s'inquiétait assez peu de la forme de notre exposition. C'est à peine s'il nous reprochait, en passant, une faute de plan ou une incorrection de langage. Il semble que ce fût là une grave lacune dans son enseignement; non que j'approuve pleinement l'excès de pédagogie auquel les facultés sont aujourd'hui en proie; mais il est évident que quelques conseils pratiques d'un homme tel que lui nous auraient été extrêmement utiles. Il estimait qu'un bon esprit se tire toujours d'affaire, qu'il lui suffit d'écouter, de lire, de réfléchir pour se discipliner lui-même, que, s'il est naturellement net et précis, il réussit vite à s'exprimer avec netteté et avec précision; et je ne crois pas que l'expérience lui ait absolument donné tort [1].

1. En 1880, rendant compte au ministre du congrès international de Bruxelles où il avait été délégué, il écrivait : « On a soutenu l'opinion que le futur professeur avait besoin de recevoir un enseignement particulier de la science pédagogique et de faire, en outre, une sorte de stage dans un collège à côté d'un professeur dont il observerait la pratique. Ces méthodes lentes et compassées conviendraient peu à la France; elles auraient des dangers, et il n'est pas certain qu'elles produiraient de bons résultats. Le directeur de l'École normale supérieure (c'était M. Fustel lui-même) avait le devoir d'exprimer son opinion sur un tel sujet. Il a fait ses réserves contre cette sorte d'apprentissage professionnel. Il a distingué entre l'instituteur placé en présence de jeunes enfants et le professeur des classes supérieures des lycées. A celui-ci quelques notions de pédagogie suffisent, surtout s'il a fait des études psychologiques. Il agit sur ses élèves et prend l'empire sur eux par les connaissances qu'il leur enseigne; il n'a pas à recourir à des moyens artificiels. Qu'il aime le vrai, qu'il en donne le goût; c'est assez pour

Il est un sujet dont M. Fustel ne nous entretenait jamais, c'étaient nos examens. Même en troisième année, quand nous avions à préparer la redoutable épreuve de l'agrégation, il paraissait n'en avoir cure, quoiqu'au fond il eût fort à cœur notre succès. Il visait à faire de l'École non pas une pépinière d'agrégés, mais un centre d'études historiques, persuadé que l'un n'irait pas sans l'autre.

Nous étions alors, il faut bien le dire, des historiens très novices. Le défaut ordinaire des débutants, c'est la témérité des affirmations. La recherche lente et méthodique de la vérité leur répugne. Ce qu'ils prisent avant tout, ce

qu'il soit maître de ses élèves. A l'École normale, on n'enseigne pas la pédagogie, et je ne souhaite pas qu'on l'enseigne. Encore moins faudrait-il, comme le demandait un orateur du congrès, qu'on mît à côté d'elle, chez elle, un petit collège annexe qui serait l'*anima vilis* sur laquelle s'exerceraient nos jeunes gens. Sans nulle théorie pédagogique, nous leur enseignons pendant trois ans à aimer la science, et par cela seul ils seront de bons professeurs. Il semble que nous n'avons préparé que des érudits et des savants, et il se trouve par surcroît que nous avons formé des pédagogues. Au bout de ces trois ans, nous les mettons dans une classe de lycée, et, abandonnés à eux-mêmes, libres et responsables, ils réussissent. Il est bien entendu, ai-je ajouté, que la méthode qu'on suit à l'École normale ne serait pas applicable à une école d'un autre ordre. » (Rapport du 28 septembre 1880.)

sont les idées générales, les hypothèses ambitieuses, les constructions hardies. Ils s'enflamment au contact du paradoxe lep lus audacieux, et le moindre document leur ouvre des perspectives infinies. Tout l'effort de M. Fustel tendait à effréner ces imprudences et à nous inspirer des habitudes de travail plus rigoureuses. Les règles qu'il devait plus tard énoncer dans ses ouvrages, il nous recommandait déjà de les observer; il nous ramenait sans cesse aux textes en nous exhortant à les approfondir de notre mieux; il exigeait que chacune de nos allégations fût accompagnée de sa preuve, et il était impitoyable pour toute opinion qui n'avait pour elle que l'autorité d'un moderne ou la nôtre. Là est le grand service qu'il a rendu à notre génération. Si l'on joint à cela qu'après chacune de nos leçons il ne manquait pas de nous communiquer ses propres idées sur le sujet, et que ses réflexions, tantôt bien mûries à l'avance, tantôt improvisées sous nos yeux, étaient toujours de celles qui engagent à méditer, même quand elles sont fausses, on devinera tout le fruit qu'avaient pour nous de pareils exercices.

Que dire enfin de sa bienveillance pour ses élèves, pour ceux notamment qu'il honorait de son amitié? Quelques-uns seulement connaissent le cœur chaud et généreux qui se cachait derrière ce masque de froideur et de réserve. Il ne provoquait pas la familiarité et ne nous traitait pas en camarades. Mais quel souci il avait de nos études, de nos intérêts, de notre santé! Pour nous il était prêt à toutes les démarches, à toutes les luttes, sauf dans le cas où on l'eût pressé d'appuyer une ambition en disproportion avec le talent; mais aussi qui de nous aurait eu l'audace de l'en prier? Savait-il qu'une thèse de doctorat était en voie de préparation? Il en demandait instamment des nouvelles, trop heureux si, par quelque conseil discret, il pouvait aider à l'améliorer. Plus d'un a reçu de lui, au moment décisif, une de ces paroles qui réconfortent et donnent de l'élan. Et comme il était enchanté d'applaudir à nos succès, même les plus modestes, de favoriser notre avancement, s'il le jugeait mérité, de louer nos ouvrages, s'ils répondaient à ses anciennes espérances! Jusque sur son lit de mort, je l'ai vu songer à l'avenir de tel d'entre nous dans l'Université et dans la science. Il se félicitait vivement d'avoir contribué à l'élection de son maître, M. Chéruel, comme membre de l'Institut, et il se promettait un bonheur pareil pour le jour où quelqu'un de ses élèves y deviendrait son confrère. Il aimait beaucoup la jeunesse, du moins celle qui fait peu de bruit et qui travaille, et il en a été récompensé par d'ardentes affections qui ne sont pas près de s'éteindre. Sans parler de la reconnaissance qu'ils lui gardent, plusieurs le considèrent comme une sorte de génie tutélaire, comme un ancêtre intellectuel qui veille encore sur eux, et, quand ils sentent le besoin de renouveler leurs forces, c'est à ses écrits, c'est à cette source de vie qu'ils vont s'abreuver.

M. Fustel demeura peu de temps à l'École normale. Dès le mois de décembre 1875, il allait à la Sorbonne suppléer M. Geffroy dans la chaire d'histoire ancienne, et trois ans plus tard, le 24 décembre 1878, il y était nommé professeur d'histoire du moyen âge. Quoique la faculté eût sollicité à plusieurs reprises la création de cette chaire nouvelle, la commission du budget hésita d'abord à allouer les fonds nécessaires. Ce n'est pas qu'elle doutât de la compétence de l'homme qui avait déjà publié le premier volume des *Institutions de la France*; mais l'auteur de la *Cité antique* passait pour être « clérical » [1]. Il fallut que des personnes bien informées, entre autres MM. Duruy, Perrot,

1. Dans une note inédite, il s'est appliqué à se disculper de ce reproche. « Je publiai en 1864, dit-il, le résultat de longues recherches sur l'antiquité. La lecture complète des documents grecs et latins m'avait fait voir que dans le premier âge de ces anciennes cités la religion avait tenu une grande place. Il y eut beaucoup de lecteurs. Les uns, ceux qui avaient le sentiment religieux, déclarèrent que mes résultats étaient exacts. Les autres, ceux qui n'avaient pas le sentiment religieux, déclarèrent tout de suite que je devais m'être trompé d'un bout à l'autre. Presque aucun ne pensa à vérifier le détail, bien que j'en eusse fourni les moyens au bas des pages. Mais ce qu'il y eut de plus singulier, c'est que tous, à l'exception de ceux qui me connaissaient personnellement, furent persuadés que je devais être d'opinion catholique. Il leur semblait qu'il fallait être bien imbu des idées religieuses pour tant parler de religion, et ils le croyaient, parce qu'eux-mêmes, à ma place, n'auraient pas tant parlé d'elle ou ne l'auraient pas si nettement aperçue. Il leur parut donc *a priori* que, puisque j'avais décrit la subordination de la politique à une certaine religion, il y a vingt-cinq siècles, je devais de toute nécessité être clérical, et travailler pour ma cause. Il ne leur venait pas à l'esprit que je pusse travailler contre ma cause ou plutôt travailler sans songer à aucune cause. Ils ne pouvaient consentir à m'attribuer une simple recherche du vrai, une pure constatation des faits. »

et Duvaux, certifiassent son indépendance d'esprit au président de la commission, Gambetta, qui partageait l'erreur commune. Le crédit fut alors voté presque sans débat.

Dans son cours, M. Fustel ne fit pas plus de sacrifices aux Parisiens que jadis aux Strasbourgeois. S'il attira beaucoup de monde autour de lui, ce fut par la forte structure et la clarté de ses leçons, la vigueur de sa critique, l'originalité de ses aperçus, l'ardente conviction dont il était animé, la sobriété et la précision de sa parole.

« Vous venez chercher ici, disait-il un jour, non une distraction, mais un enseignement. Nos réunions seront laborieuses. Vous attendez de moi que je vous apporte chaque semaine le résultat de longues recherches.... Je vous présenterai des faits, des textes, sans nul apparat, sans aucune autre préoccupation que celle de trouver le vrai. Je ne me contenterai pas de vous exposer la partie facile, la surface de l'histoire ; je vous apporterai les documents eux-mêmes, et souvent dans la langue où ils ont été écrits. Je vous promets de ne pas ménager votre attention et de ne jamais douter d'elle.... Il ne s'agit, dans cette maison, ni de leçons attrayantes ni de beau langage. Un succès de parole serait pour nous un véritable échec. Nous avons un double devoir : le premier est de vous transmettre sur chaque point les derniers résultats de l'érudition moderne ; le second est de travailler nous-mêmes, par des recherches personnelles, à des progrès nouveaux[1]. »

J'ai pu constater par moi-même qu'il tint ces engagements. Je ne prétends pas que les assistants fussent tous en mesure de comprendre et d'apprécier ces belles leçons qu'ils applaudissaient de confiance et contre son gré. Chez lui comme chez ses collègues on voyait, surtout l'hiver, de ces gens dont la présence déshonore les amphithéâtres de nos facultés. Mais il suffisait qu'à cette multitude d'individus incultes et somnolents se mêlât une élite d'auditeurs sérieux, éveillés, et désireux de s'instruire, pour que M. Fustel se crût amplement dédommagé de sa peine.

1. *Revue politique et littéraire*, 8 février 1879.

La partie la plus délicate peut-être de la besogne d'un professeur de Sorbonne, c'est l'examen de doctorat. Voici comment il définissait lui-même sa manière, en contraste avec celle d'un de ses prédécesseurs qui avait un peu trop l'habitude des effusions morales. « Vous êtes témoin qu'à aucune soutenance je n'ai trouvé le moyen de parler de Dieu, de justice, ou de liberté. Une erreur à telle page, une erreur à telle autre page, un vice de méthode, voilà tout ce que je savais dire.... En vingt-cinq ans, pas une phrase éloquente n'est sortie de mes lèvres [1]. » Il y avait dans cette affirmation un excès de modestie. M. Fustel ne se contentait pas de reprocher aux candidats quelques textes mal interprétés ou quelques assertions téméraires. Il n'était pas rare qu'embrassant à son tour l'ensemble de la question traitée, il substituât au système en discussion un système tout nouveau qui résolvait parfois le problème. Les idées générales abondaient, quoi qu'il en dise, dans son argu-

1. Lettre du 24 février 1889 à M. Himly.

mentation; mais, au lieu de s'étaler largement et de tout encombrer, elles s'y glissaient avec une telle discrétion qu'il fallait souvent les saisir au passage pour les remarquer.

Rendre un service de ce genre aux jeunes érudits qui demandent à la faculté le grade de docteur, c'est encore contribuer à former des élèves. Mais c'est principalement dans ses conférences privées que M. Fustel aurait voulu susciter et diriger quelques vocations historiques. Ce plaisir ne lui fut accordé que de loin en loin. Les étudiants venaient en foule, quand il commentait un auteur inscrit au programme d'agrégation, et alors ils s'évertuaient à ne rien perdre de ses paroles, car plus le maître travaillait pour eux, moins ils travaillaient eux-mêmes. Mais s'il se risquait à choisir pour texte d'explication un document pris en dehors des programmes, la plupart refusaient de le suivre sur un chemin qui ne menait à rien. La nécessité où ils étaient de conquérir au plus vite les titres qui ouvrent l'accès de la carrière universitaire, le souci de l'examen qui approchait à grands pas, l'extrême complexité des matières sur lesquelles il fallait être prêt, tous ces motifs réunis les obligeaient presque à regarder comme superflue l'assiduité à des conférences très utiles sans doute pour le développement ultérieur de l'esprit, mais moins profitables peut-être que d'autres pour l'objet immédiat qu'ils avaient en vue. Ainsi s'explique cette anomalie qu'un professeur si remarquable ait exercé sur tant d'étudiants une si faible influence, et voilà aussi pourquoi M. Fustel ne cessa jusqu'à son dernier jour de regretter l'École normale, où il savait que son action avait été efficace.

CHAPITRE VI

L'Histoire des institutions politiques de l'ancienne France.

Le 15 mai 1872, M. Fustel de Coulanges donna dans la *Revue des Deux Mondes* un article qui ressemblait presque à un manifeste. Il y exprimait cette idée que les invasions germaniques du ve siècle n'avaient exercé aucune influence directe sur la langue, la religion, les mœurs, le gouvernement et la structure de la société, que si elles avaient transformé tout cela, c'était, pour ainsi dire, à leur insu, que les habitants de la Gaule n'avaient été ni asservis ni dépouillés, que les Barbares n'avaient rien fondé, et que leur présence avait simplement favorisé l'éclosion du règne féodal, déjà en germe avant leur arrivée.

Cette thèse étonna beaucoup, sinon par la nouveauté, du moins par la hardiesse, et comme elle était exposée sur un ton tranchant et péremptoire, sans le cortège de preuves qui aurait pu la corroborer, plusieurs y virent un pur jeu d'esprit.

A un an d'intervalle, un second article sur la propriété foncière dans l'empire romain et dans la Gaule mérovingienne fit croire que M. Fustel s'obstinait à chercher ailleurs qu'en Germanie les origines de la féodalité, et on se mit à sourire d'une pareille aberration. On espérait encore qu'un éclair de réflexion viendrait tôt ou tard l'arracher à son erreur. Mais, hélas! on s'aperçut bientôt que le mal était incurable; car la même théorie reparut, à peine atténuée, dans l'*Histoire des institutions politiques de l'ancienne France*.

Le premier volume de cet ouvrage fut publié en 1875. Le second, consacré au régime féodal, était annoncé pour l'année d'après. Un troisième était réservé pour l'étude de la royauté limitée par les États-Généraux, et un quatrième pour l'étude de la monarchie absolue. Ainsi M. Fustel se flattait d'atteindre en quatre volumes et dans un intervalle de temps assez court la date de 1789. Si ce programme avait été exécuté tel qu'il l'avait conçu, nous aurions eu là une vaste synthèse dans le genre de la *Cité antique*, malgré des différences de forme dues à la différence des sujets. Mais presque aussitôt il se crut obligé de renoncer à son plan primitif. Ses doctrines provoquèrent en effet un si vif émoi parmi les critiques qu'il sentit la nécessité de les établir encore plus fortement.

On l'avait accusé d'être systématique à l'excès, d'interpréter capricieusement les textes, d'altérer les faits au gré de ses fantaisies. Il voulut convaincre le public qu'il n'avait rien avancé à la légère, qu'il avait consulté tous les documents, et qu'il les avait bien entendus.

De là une double tâche qu'il entreprit. D'une part, il écrivit une série de mémoires sur quelques-uns des problèmes les plus ardus du haut moyen âge, comme le colonat, la propriété des terres en Germanie, la marche, la justice mérovingienne, les titres romains des rois francs, la loi des Chamaves, le titre *De migrantibus* de la loi Salique, l'immunité, la confection des lois sous les Carolingiens, le capitulaire de Kiersy-sur-Oise. Il définit lui-même en ces termes le caractère de ces monographies : « Je demande qu'on me permette de les donner sous la forme première qu'ont tous mes travaux, c'est-à-dire sous la forme de questions que je m'efforce d'éclaircir.... Je mettrai tous les documents sous les yeux du lecteur ; je le ferai passer par mes investigations, mes hésitations, mes doutes. Je le conduirai par la même route que j'ai suivie. Je lui signalerai aussi les opinions adverses et je lui dirai pour quels motifs je ne m'y range pas. Je lui montrerai enfin mon travail tel qu'il s'est fait, presque jour par jour, et je lui fournirai en même temps les moyens de discuter mon sentiment. » C'était là pour lui à la fois une leçon de méthode et une justification personnelle.

En second lieu, il se décida à remanier de fond en comble le volume dont on avait affecté d'être tant scandalisé. Six cents pages lui avaient suffi primitivement pour toute la période comprise entre l'année 60 avant Jésus-Christ et l'année 650 de notre ère; dans le troisième, il lui en fallût deux mille, distribuées en quatre volumes [1]. Les parties qu'il y développa le plus furent celles qui concernaient la monarchie franque et l'alleu, puisqu'elles montèrent de cent huit pages à onze cents; mais toutes furent revues avec un soin méticuleux. Si quelques chapitres restèrent intacts, la plupart devinrent méconnaissables, et il en est qui acquirent une étendue triple ou quadruple.

D'autres changements furent encore introduits. De distance en distance, M. Fustel donna la liste des sources que l'on a sur chaque époque, en y joignant une appréciation sommaire de leur valeur historique. On lui avait reproché d'ignorer les ouvrages de seconde main; il cita les principaux d'entre eux, non pour faire un vain étalage de bibliographie, mais pour réfuter quelque erreur de Guérard,

1. Ajoutez que les pages de la première édition contiennent en moyenne 1 300 lettres, et celles de la troisième 1 450.

de Pardessus, de Waitz, de Sohm, de Roth, ou pour leur attribuer le mérite de quelque découverte [1]. Il multiplia les notes et y reproduisit une foule de passages tirés des documents, afin que l'on pût vérifier immédiatement et sur place s'il en avait bien saisi le sens.

Il adopta enfin un nouveau mode d'exposition. Jusque-là il s'était contenté de décrire les institutions et de raconter les faits en rejetant au bas des pages tout l'appareil d'érudition. Cette fois, il conçut chacun de ses chapitres comme une dissertation « hérissée de textes et pleine de discussions [2] », comme une sorte d'enquête où il s'agissait d'instruire un procès au grand jour, pièces en main. Peu lui importait que son allure en fût ralentie et sa besogne accrue; l'essentiel pour lui était de trouver la vérité et de désarmer la critique.

1. L'éditeur des œuvres posthumes de M. Fustel de Coulanges, M. Jullian, dit qu'il y a dans ses papiers « une importante liasse relative aux écrivains qui ont traité du système féodal; il se proposait de les passer en revue dans une longue préface; il n'avait négligé ni les plus obscurs ni les moins savants, et il commençait à Grégoire de Tours pour finir à M. Léopold Delisle ».

2. *La Gaule romaine*, p. IV, note.

Ainsi cet homme qu'on prend volontiers pour un doctrinaire insensible aux objections et sûr de son infaillibilité, a offert ce rare exemple d'un historien que tourmentaient de perpétuels scrupules, qui avait toujours peur de tomber en péché d'erreur, qui ne cessait d'enrichir son arsenal de preuves, et qui n'hésitait pas à anéantir son œuvre pour la rebâtir tout entière sur des bases plus solides.

M. Fustel de Coulanges s'est arrêté dans son ouvrage à la fin de la période carolingienne; encore ses derniers chapitres ne sont-ils que l'esquisse d'un septième volume qu'il comptait rédiger plus tard. On a essayé de pénétrer le secret de sa pensée sur les temps qui suivirent, à l'aide de ses articles sur la justice féodale et royale. Il faudrait y joindre un rapport écrit à propos d'un concours ouvert par l'Académie des sciences morales sur l'histoire de la noblessse en France et en Angleterre [1]. On trouverait aussi d'utiles renseignements dans ses papiers inédits, notamment dans le long fragment dont

1. *Compte rendu des séances de l'Académie des sciences morales*, t. CIV, 420 et suiv.

j'ai eu l'occasion de me servir plus haut [1]. Mais je sais que vers la fin de sa vie M. Fustel désavouait quelques-uns de ces travaux comme trop « superficiels », et qu'il en avait interdit la réimpression.

Dans les limites qu'il n'a pu dépasser, ses vues se dessinent avec une merveilleuse netteté, et il est facile d'en donner une esquisse fidèle.

La Gaule succomba promptement sous les coups des Romains, parce qu'elle était en voie de dissolution et que les discordes civiles y paralysaient la défense. Au fond, ce fut là un bienfait pour elle; car ses vainqueurs lui rendirent le double service de la protéger contre les peuplades germaniques et de l'initier à une civilisation supérieure. Aussi ne songea-t-elle jamais à se révolter contre eux. Le pouvoir impérial fut très fort, sans être oppressif, et ce fut encore un précieux avantage, car il n'y avait pas alors de système plus efficace pour assurer l'équilibre des classes et garantir la paix sociale.

1. Voir p. 60 et suiv.

Mais au IVe siècle on vit simultanément « une aristocratie puissante se constituer, les classes moyennes tomber dans la pauvreté, et l'autorité publique s'affaiblir [1] ». Il subsista toujours des empereurs, mais ils cessèrent d'être obéis, et la prépondérance passa décidément aux grands propriétaires fonciers. Le malheur est que cette oligarchie, qui avait « la terre, la richesse, l'illustration, l'éducation, et ordinairement la moralité de l'existence », ne sut ni combattre ni commander ; elle n'avait ni l'esprit militaire ni le sens du gouvernement, si bien que, sans le vouloir, elle augmenta les causes d'anarchie et compromit la sécurité de l'Empire.

Or il se trouva qu'à ce moment la Gaule fut menacée plus que jamais par les barbares. Ce n'est pas que les Germains fussent à la longue devenus plus redoutables. Il est manifeste, au contraire, que les trois ou quatre derniers siècles avaient été pour eux une époque de trouble et de désordre qui avait énervé leur

1. *L'Invasion germanique*, p. 206.

vigueur et ruiné leurs institutions. Ils n'avaient d'ailleurs aucune haine contre les Romains et ne les regardaient pas comme un ennemi national; ce qui le prouve, c'est leur empressement à accepter d'eux l'humble condition de colons ou de soldats mercenaires, et la constante fidélité qu'ils leur témoignèrent. Mais les révolutions intérieures, en détruisant le régime de l'ancien État germain, abolirent du même coup « tous les goûts et toutes les habitudes de la vie sédentaire », et y firent succéder le régime de la bande guerrière, « c'est-à-dire la vie instable, le dégoût pour la culture du sol des ancêtres, l'absence de mœurs et d'idées fixes [1]. ». C'est là ce qui précipita les Germains sur les frontières.

L'Empire ne fut pas envahi par de grands peuples organisés, mais par une série de petits groupes, parfois coalisés, dont l'extrême mobilité et le caractère ondoyant déconcertaient la tactique romaine. Plusieurs d'entre eux se contentèrent de traverser la Gaule en la rava-

1. *L'Invasion germanique*, p. 325.

geant. Les seuls qui réussirent à s'y établir furent les Wisigoths, les Burgondes et les Francs; mais il n'est pas vrai qu'ils aient conquis le pays. Si les premiers occupèrent les provinces du Sud-Ouest, les seconds le bassin du Rhône, et les autres le Nord, ce fut en vertu d'un accord conclu avec les Romains. Officiellement, ils furent des soldats de l'Empire, et non pas des envahisseurs. Ils eurent mission de défendre les habitants, non de les violenter, et, s'il leur arriva fréquemment d'enfreindre les clauses du traité, dans bien des cas ils les exécutèrent strictement. Les Gallo-Romains ne furent ni réduits en servitude, ni traités en inférieurs. Ils durent simplement recevoir au milieu d'eux et entretenir à leurs frais une population militaire d'origine étrangère. Les hôtes barbares, comme on les appelait, « étaient souvent dangereux, quelquefois utiles, toujours gênants, mais ils n'étaient pas des maîtres [1] ».

Le régime politique de la Gaule mérovin-

1. *L'Invasion germanique*, p. 525.

gienne se rapprocha beaucoup du régime impérial. La royauté n'était pas élective, mais héréditaire. Quand elle n'était pas acquise par la guerre civile, elle se transmettait comme un bien patrimonial, « en vertu de l'ordre naturel de succession[1] ». On pouvait même la léguer « par testament ou par simple déclaration de volonté[2] ». « Seulement deux choses étaient nécessaires : d'abord l'acte de reconnaissance et d'installation, ensuite la prestation du serment de fidélité » par tous les sujets.

L'autorité monarchique n'était tempérée ni par l'aristocratie, ni par le peuple. Les grands ne formaient pas une noblesse de naissance et n'avaient aucun pouvoir propre; ils n'étaient que de hauts fonctionaires et ils tiraient toute leur puissance de leurs charges. Le roi avait coutume d'en réunir quelques-uns autour de lui, quand il avait une résolution à prendre; il vint même un moment, au VIIe siècle, où il s'habitua à convoquer, sinon chaque année, du moins à de fréquents intervalles, tous les digni-

1. *La Monarchie franque*, p. 59.
2. *Ibid.*, p. 45.

taires laïques et ecclésiastiques du royaume. Mais ces assemblées étaient faites pour éclairer le souverain, non pour lui dicter des ordres; elles étaient un moyen de gouvernement, non un instrument de liberté. Le peuple n'y jouait qu'un rôle très effacé. Il se composait uniquement des hommes que les grands avaient amenés avec eux; c'était une foule « inférieure et subordonnée », qui n'était qualifiée ni pour représenter la nation, ni pour défendre ses intérêts; elle ne délibérait et ne votait sur rien. A la fin de la session, le roi paraissait devant elle; il lui signifiait ses décisions; il l'invitait peut-être à les approuver par ses acclamations, et il finissait ordinairement par une harangue où il l'exhortait à l'obéissance et au respect des lois. Dans tout cela, il n'y a rien qui ressemble à un système régulier de libertés publiques.

Héritiers des empereurs, les rois francs s'efforcent de les imiter en toutes choses. Ils sont « les maîtres de la paix et de la guerre, des impôts, des lois, de la justice [1] »; ils vont

1. *La Monarchie franque*, p. 125.

même jusqu'à intervenir arbitrairement dans les affaires privées. Ils font revivre le crime de lèse-majesté. Ils se parent des insignes et des titres romains ; ils adoptent les formes de la phraséologie romaine ; ils exigent qu'on leur parle sur un ton d'extrême humilité. Francs et Gallo-Romains sont également leurs sujets ; ils ne sont pas durs pour les uns et faibles pour les autres ; quand il s'agit de commander, ils ne distinguent pas les races.

Le « Palais » était à la fois la cour et le centre du gouvernement. Il y avait là toute une hiérarchie d'employés et de fonctionnaires affectés soit au service personnel du prince, soit à l'administration de l'État. Les Romains d'origine y avaient accès comme les Germains. Ce grand corps avait pour chef un « maire », qui par cela même était une espèce de premier ministre.

Il n'y avait pas de provinces en Gaule ; mais il y avait toujours des cités, presque identiques à celles d'autrefois, et, pour les gouverner, des agens royaux, ducs ou comtes, tous nommés par le roi, tous révocables à son gré.

Quant aux assemblées locales, elles avaient disparu.

Le système fiscal était à peu près tel que l'avaient constitué les empereurs, et les Francs étaient assujettis aux mêmes taxes que les Romains. Pour l'armée, « on laissa tomber l'organisme romain, c'est-à-dire les troupes permanentes et soldées », et on le remplaça par le grossier expédient de la levée en masse [1]. Toute justice émanait du roi. Le roi avait son tribunal spécial, où il jugeait, entouré de quelques grands dignitaires, une foule de procès civils ou criminels, soit directement, soit en appel. Le comte, dans son plaid, était également assisté de plusieurs notables, qu'il choisissait probablement lui-même. Ceux-ci « n'étaient en droit que ses assesseurs et ses conseillers ; en fait, ils jugeaient sans lui, mais en son nom et comme s'il était là [2] ».

Somme toute, l'État mérovingien est « pour plus des trois quarts » la continuation et la survivance du Bas-Empire. « L'invasion, qui a

1. *La Monarchie franque*, p. 302.
2. *Ibid.*, p. 378.

éliminé de la Gaule la puissance impériale, n'a pas fondé un régime nouveau. Elle n'a pas introduit une nouvelle façon de gouverner les hommes, de les administrer, de les juger; » surtout, elle n'a pas superposé une race conquérante à une race vaincue et opprimée. Les seuls changements qui se soient accomplis, notamment en matière de justice, sont ceux « que créerait en un jour une révolution brusque [1] ».

Pourtant, lorsqu'on y regarde de près, on s'aperçoit bien vite que dans cette société s'élaborait lentement un régime tout à fait original. Mais c'est dans l'organisation de la propriété et dans les relations individuelles que commençait à poindre la future féodalité.

Le droit de propriété était, sauf quelques nuances, régi dans le royaume franc par les mêmes règles que sous l'Empire. Un domaine rural du IXe siècle ressemblait trait pour trait à une villa gallo-romaine du IVe. « Il avait la même étendue et les mêmes limites; il portait

1. *La Monarchie franque*, p. 651.

souvent le même nom, et les hommes qui le cultivaient étaient encore ou des esclaves, ou des affranchis, ou des colons [1]. »

Mais l'époque mérovingienne a connu un second mode de possession du sol, qui est le bénéfice. Ce genre de tenure n'a pas été établi par la loi; il doit sa naissance à des usages purement privés. En principe, le bénéfice, comme le précaire romain, était une concession d'usufruit accordée par un bienfaiteur à un obligé; mais, dans la réalité, c'était une faveur dictée par la bienveillance. Il pouvait porter indifféremment sur une terre, un cheval, une somme d'argent. Il était tantôt gratuit, tantôt accompagné du paiement d'une redevance annuelle ou de l'exécution de certaines corvées. Enfin on présume qu'il était généralement consenti à titre viager. A mesure qu'il entra dans les mœurs, le bénéfice contribua à l'extension de la grande propriété; car il était fréquemment précédé d'un acte par lequel un pauvre cédait à un riche dont il voulait

1. *L'Alleu*, p. 462.

s'assurer l'appui, la terre même qui allait lui être rendue sous cette forme. Il habitua en outre les esprits à séparer de plus en plus la propriété et la jouissance du sol, de telle sorte que désormais, sur une masse toujours croissante d'immeubles, on vit à la fois un propriétaire, un bénéficier et souvent un colon. Il eut surtout pour conséquence de modifier sensiblement la structure de la société, en mettant un lien de dépendance entre deux hommes libres, dont l'un, « par cela seul qu'il tenait d'un autre un bienfait, se trouvait attaché à lui par tous les sentiments et par tous les intérêts [1]. »

Les effets du bénéfice furent encore aggravés par le patronat. Cette pratique, déjà usitée chez les Gaulois, les Romains et les Germains, se développa beaucoup sous la domination franque. Elle avait pour objet de placer un individu faible ou ambitieux sous la protection d'un personnage influent, qui s'engageait, en échange de quelques services mal définis, à lui procurer soit des moyens de subsistance,

1. *Le Bénéfice*, p. 194.

soit un emploi. En vertu de ce contrat, un individu aliénait, pour sa vie entière, une partie notable de sa liberté, et se faisait volontairement le subordonné, le fidèle, ou, comme on disait, le vassal d'autrui.

Ainsi se formait, en dehors des lois et par une série d'actes isolés, tout un ordre d'institutions singulièrement propres à affaiblir le régime monarchique et à consolider l'aristocratie. La féodalité était déjà là en puissance. Pour la combattre, il eût fallu, au centre de l'État, une autorité énergique, sage et équitable. Or les rois mérovingiens montrèrent une rare incapacité. En multipliant les immunités, ils renoncèrent à juger une foule de leurs sujets, à les administrer, à leur faire acquitter l'impôt. Quant à ceux qu'ils gardèrent sous la main, ils ne surent leur inspirer ni respect ni affection; tant ils remplirent mal leur tâche!

L'aristocratie, en revanche, ne cessa de grandir à leur détriment. Chacun de ses membres réunissait en lui trois éléments de force : il était un haut fonctionnaire, il possédait des domaines étendus, il couvrait de son patronage un vaste ensemble de bénéficiers et des fidèles, et, s'il était évêque, il joignait à tout cela le prestige de la religion. Ce corps compact et indocile se rendit peu à peu indépendant de la royauté; il réussit même à la mettre en tutelle et à l'annuler complètement, jusqu'au jour où l'on vit sortir de son sein une famille plus riche et peut-être plus intelligente que les autres, la famille d'Héristal, qui supplanta la dynastie mérovingienne. L'avènement des Carolingiens ne fut pas le triomphe de l'esprit germanique sur l'esprit romain, mais plutôt le résultat des progrès de la vassalité.

Charlemagne paraît avoir visé un double but : d'une part, « il essaya de relever l'autorité publique, se fit sacrer, se nomma César et Auguste, voulut régner comme les empereurs [1]; » d'autre part, il se préoccupa de donner une sanction légale à ces pratiques féodales dont les hommes ne pouvaient plus se passer, et de les adapter aux institutions

1. *Les Transformations de la royauté*, p. 708.

monarchiques. Il exigea « que toute la hiérarchie des vassaux aboutît à lui », que les fidèles du roi eussent seuls le droit d'avoir eux-mêmes des fidèles, « que les seigneurs les plus élevés ne fussent que des comtes qui étaient ses fonctionnaires, ou des évêques qui étaient placés sous son patronage. Il espérait que les fidèles du roi continuant à lui obéir toujours et se faisant obéir aussi de leurs propres fidèles, l'obéissance et la discipline se transmettraient de proche en proche jusqu'aux derniers rangs de la société [1]. »

Sa main fut assez forte pour concilier momentanément ces deux systèmes contraditoires; mais, sous ses successeurs, le système de la fidélité finit par triompher. Le roi, dépossédé peu à peu de tout pouvoir politique, ne conserva quelque empire que parce qu'il était le chef suprême de tous les fidèles. Bientôt même ce privilège lui fut ravi au milieu des guerres civiles du IXe siècle, et alors le régime féodal s'épanouit en toute liberté.

1. *Les Transformations de la royauté*, p. 614.

« Soyez sûr, me disait M. Fustel de Coulanges quatre jours avant sa mort, que ce que j'ai écrit dans mon livre est la vérité. » Une affirmation si nette, faite en un pareil moment, par un homme qui avait la pleine possession de ses facultés, mérite apparemment d'être notée; non qu'il faille nécessairement y adhérer; mais on avouera, je pense, que ce langage devait être l'expression d'un sentiment très sincère.

Cette conviction témoigne que M. Fustel se flattait de n'avoir rien épargné pour atteindre la vérité, et il n'y avait là de sa part ni aveuglement ni infatuation. Ce qu'il a dépensé d'efforts et de talent dans ces six volumes est incroyable. Je doute qu'il ait laissé un seul texte, même très secondaire, sans l'examiner à la loupe. On a prétendu qu'il se plaisait à interroger surtout les documents juridiques, et qu'il se souciait trop peu de toucher du doigt la réalité. Il a pourtant professé vingt fois le contraire. « Dans les lois, dit-il, nous voyons les règles abstraites suivant lesquelles la justice était rendue. Dans les récits des écrivains, nous trouvons non plus les règles abstraites, mais les faits concrets et réels; nous avons des descriptions de procès, de jugements, de condamnations. Dans les procès-verbaux de jugements et dans les formules, nous constatons les usages de la procédure et la composition des tribunaux. Ces trois classes de documents se complètent et s'expliquent. Celui qui n'étudie que l'une d'elles, ou qui donne à l'une d'elles une importance disproportionnée se fait une idée fausse de la justice mérovingienne [1].... L'historien n'est maître d'un sujet que lorsqu'il possède sur ce sujet des documents de nature diverse. Il a besoin de documents qui le renseignent sur l'état légal, et d'autres documents qui lui montrent l'état réel, avec toutes les nuances de l'application [2]. »

Ce précepte, il le suivait à la lettre, comme l'atteste l'abondance énorme des détails qu'il a puisés dans Grégoire de Tours, dans les hagiographes, les correspondances, et les monuments de la pratique. Peut-être a-t-il par-

1. *La Monarchie franque*, p. 304.
2. *Le Bénéfice*, p. 346.

fois dans ses premiers volumes exagéré la portée de certaines fictions juridiques qui n'étaient que des apparences; mais ce défaut s'atténuait de plus en plus chez lui, et il en subsiste peu de traces dans ses derniers écrits.

M. Fustel a eu encore un autre mérite. Il n'était pas de ces esprits superficiels qui frôlent les problèmes sans les remarquer, et qui s'arrêtent à la surface des questions. Nul n'a eu plus que lui cette subtilité du flair, cette acuité du regard, qui nous mènent d'emblée jusqu'au fond des choses. Ce qui l'attirait de préférence, c'étaient les parties les plus ardues de la science. Il avait horreur des curiosités qui font les délices de tant d'érudits; il n'avait de goût que pour les recherches qui sont destinées à jeter un peu de lumière sur l'âme humaine, et il est visible que même ses plus petites monographies se reliaient à quelque idée générale. Il disait qu'il aimait mieux creuser que de s'étendre. Il n'a rien publié, en effet, qui ne soit un modèle de pénétration et de sagacité. Pas une difficulté qu'il n'aperçoive, et qu'il n'attaque de front; pas une qu'il abandonne avant de l'avoir tranchée, ou avant de s'être assuré qu'elle est inextricable.

On veut qu'il ait été incapable de saisir l'infinie complexité des phénomènes historiques, et que, par amour de la clarté, il les ait trop simplifiés. Cette critique est juste pour la *Cité antique*; mais elle tombe à faux si on l'adresse aux *Institutions de la France*. Était-il un « simpliste », l'homme qui dans la préface du volume sur l'*Alleu* traçait le programme que voici au futur historien de la société présente? « Il devra étudier beaucoup d'autres choses que notre propriété rurale. Il devra se rendre compte de ce qu'était chez nous une usine et de la population qui y travaillait. Il s'efforcera de comprendre notre Bourse, nos compagnies financières, notre journalisme et tous ses dessous. Il lui faudra suivre l'histoire de l'argent autant que celle de la terre, celle des machines autant que celle des hommes. L'histoire de la science et de toutes les professions qui s'y rattachent aura pour lui une importance considérable. Nos opinions et nos agitations d'esprit auront pour lui une grande valeur.

Pour comprendre nos mouvements politiques, il n'aura pas à s'occuper seulement de la classe qui possède le sol; il faudra qu'il envisage les deux classes qui ne possèdent pas, l'une qui est la catégorie des professions dites libérales, l'autre qui est la classe ouvrière, et il cherchera à mesurer l'influence de l'une et de l'autre sur les affaires publiques. » La tâche du médiéviste est beaucoup moins vaste; elle ne laisse pas pourtant d'être compliquée, et M. Fustel ne songe guère à la restreindre, puisqu'il lui recommande « d'observer attentivement tous les faits, toutes les institutions, toutes les règles de droit public ou privé, toutes les habitudes de la vie domestique ».

Or il est hors de doute qu'en ce qui le concerne, il n'a point manqué à ce devoir, et que nul n'a traité le même sujet avec plus d'ampleur, du moins si l'on envisage la troisième édition, et non pas la première, qui était un peu trop sommaire. Chacun de ces volumes, pris isolément, est incomplet, et par suite inexact, parce que l'auteur, procédant d'une façon analytique, n'y expose qu'un certain ordre de faits. Mais il suffit de les rapprocher et de les comparer entre eux pour voir qu'ils se complètent et se rectifient mutuellement. S'ils avaient paru tous ensemble, au lieu de paraître à de longs intervalles, ils auraient peut-être produit une meilleure impression et entraîné davantage la conviction.

J'admire l'obstination que l'on met à reléguer M. Fustel de Coulanges dans le camp des romanistes. Il a eu beau repousser cette qualification; l'opinion des critiques est faite depuis longtemps sur lui, et ils n'en veulent point démordre. En vain répète-t-il que la féodalité ne découle pas d'une source unique, qu'elle n'est venue exclusivement ni de l'ancienne Rome ni de la Germanie, que les romanistes et les germanistes ont également tort. Ces paroles, qui dans toute autre bouche auraient du poids, n'en ont aucun dans la sienne, comme s'il était en proie à une espèce d'hallucination qui lui dissimulerait à lui-même ses propres idées. Il faut à tout prix qu'il soit un disciple, au moins inconscient, de l'abbé Dubos, et, malgré ses résistances, le voilà classé d'office parmi ces esprits étroits et passionnés qui, par haine des Allemands, refusent aux Germains la paternité du régime féodal. M. Fustel avait consulté certainement le livre de Dubos, et il est possible que cette lecture, en éveillant son attention sur des particularités que la plupart des historiens négligeaient, ait eu quelque action sur ses premières recherches. Mais il s'était vite soustrait à son influence, et, en somme, ce n'est pas chez lui qu'il a puisé son système.

Pour élucider le problème des origines de la féodalité, il estimait que le plus sage était de prendre une à une toutes les institutions qui la caractérisent, de les suivre à la trace de siècle en siècle, et de vérifier si elles avaient leurs racines en Gaule ou en Germanie. Or, tandis que ses rivaux étaient presque tous de purs médiévistes, médiocrement instruits des choses de Rome, il était, quant à lui, aussi compétent en matière d'histoire romaine qu'en matière d'histoire du moyen âge. Il se vantait par conséquent d'être plus apte qu'eux à analyser les éléments divers qui s'étaient confondus dans la société mérovingienne, à y discerner ce qui était romain et ce qui était germanique, et à marquer les rapports de filiation qui la rattachaient aux deux sociétés d'où elle était issue.

Cet avantage l'a plus d'une fois bien servi. Il n'a pas seulement prouvé qu'une multitude de règles et d'usages secondaires, d'apparence germanique, se trouvaient déjà dans l'Empire; il a encore prouvé que les deux pratiques fondamentales d'où dérive la féodalité, à savoir le bénéfice et le patronage, ont été de tout temps fort répandues à Rome.

Au reste, il se gardait à cet égard de toute exagération. S'il affirme que « l'esclavage, l'affranchissement, le colonat, sont passés, sans aucun changement essentiel, de l'époque romaine à l'époque mérovingienne[1] », il reconnaît que l'immunité mérovingienne n'a rien de commun avec l'immunité romaine[2], que l'élévation des rois sur le pavois, le système des épreuves judiciaires, les cojureurs, sont des traits spéciaux aux

1. *L'Alleu*, p. 360.
2. *Le Bénéfice*, p. 420.

Germains, que le compagnonnage germanique, sans être le germe primordial du régime féodal, en a favorisé indirectement l'éclosion[1]. Il accorde même à ses adversaires que si nous avions des renseignements plus précis sur la vieille Germanie, nous nous convaincrions peut-être que ce régime est plus germanique que romain; mais il se hâte d'avertir que, dans l'état actuel des documents, une pareille opinion serait erronée[2]. Il signale des institutions dont la provenance est douteuse, en sorte que chacun, suivant ses tendances personnelles, « est libre de se prononcer avec la même vraisemblance pour l'une ou l'autre solution[3] ». Il en mentionne aussi qui ont été probablement créées de toutes pièces sous les Mérovingiens pour répondre à des besoins nouveaux[4].

Il s'applique surtout à distinguer les lentes métamorphoses qu'ont subies du ve au ixe siècle les idées, les mœurs, les lois, les coutumes, soit indigènes, soit exotiques, de la Gaule, et il nous

1. *Le Bénéfice*, p. 30.
2. *Ibid.*, p. 63.
3. *Ibid.*, p. 316.
4. *La Monarchie franque*, p. 601.

livre le fond de sa pensée dans ces phrases si prudentes : « Il se peut que l'invasion germanique ait engendré le régime féodal, les envahisseurs l'ayant apporté avec eux et imposé par la force à des populations vaincues et asservies. Il se peut encore que les deux événements, bien qu'ils fussent simultanés, n'aient eu aucune action l'un sur l'autre, et que le régime féodal soit né de causes étrangères à l'invasion, de germes qui existaient avant elle. Il se peut enfin (et c'est là manifestement l'opinion de M. Fustel) que la vérité soit entre ces deux extrêmes, que l'entrée des Germains dans les pays de l'empire n'ait pas été la cause génératrice de cette grande révolution sociale, mais n'y soit pas non plus demeurée étrangère, que les Germains y aient coopéré, qu'ils aient aidé à l'accomplir, qu'ils l'aient rendue inévitable, alors que sans eux les peuples y auraient peut-être échappé, et qu'ils aient imprimé à ce régime quelques traits qu'il n'aurait pas eus sans eux[1]. » Je demande où est dans cela le

1. *Revue des Deux Mondes*, 15 mai 1873.

romaniste à outrance, le disciple attardé de Dubos[1].

En réalité, parmi tant d'historiens qui ont étudié ce sujet, nul n'a été plus circonspect que M. Fustel de Coulanges. Il a commis des erreurs, comme tout le monde; il a obéi quelque peu à l'esprit de système, moins toutefois qu'on ne l'a dit; il a cédé par endroits au désir de rabaisser l'influence germanique. Mais, si l'on excepte certaines théories hasardées ou radicalement fausses, l'ensemble du tableau paraît être d'une entière exactitude. Ce livre, où tout n'est point de lui, mais où il y a

1. « Suis-je *romaniste* ou *germaniste?* Je ne place la source du régime féodal ni chez les Germains, ni chez les Romains; je la place dans certaines institutions et certaines nécessités communes aux Germains, aux Romains, à tous les peuples. Je dis aux romanistes : Vous avez cru voir l'origine des fiefs dans certaines concessions militaires de quelques empereurs, et vous vous êtes trompés. Je dis aux germanistes : Vous faites découler le régime des fiefs d'un prétendu comitat germanique que vous ne connaissez que par un mot de Tacite et que vous interprétez inexactement. Je dis aux uns et aux autres : Le régime des fiefs est au fond un certain système de propriété et de tenure. Le système existait déjà dans l'empire romain, et en voici les preuves. Il existait aussi, suivant toute apparence, dans l'ancienne Germanie, mais nous n'en avons aucune preuve, parce que les documents nous manquent sur l'état de la propriété germanique. Je suis donc à la fois romaniste et germaniste, ou bien je ne suis ni l'un ni l'autre. » (Inédit.)

beaucoup de lui, n'est pas seulement une de ces œuvres qui provoquent la réflexion par tout ce qu'elles renferment d'imprévu, d'original, et même d'aventureux; il donne encore la solution d'une foule de problèmes petits et grands, et il laisse peu de chose à faire aux travailleurs.

CHAPITRE VII

Les polémiques de Fustel de Coulanges.

En publiant ces volumes, M. Fustel de Coulanges se rendait bien compte qu'il soulèverait d'ardentes polémiques. Il le déclare en toute franchise dans une de ces notes où il fixait au jour le jour, et pour lui seul, ses impressions.

« Je m'attendais à de vives attaques, ou plutôt, car c'était moi qui attaquais les systèmes en vogue, je m'attendais à de vives répliques. S'il faut tout dire, je n'aurais été nullement surpris d'être vaincu dans la bataille, et j'avais de grandes inquiétudes sur l'issue du conflit. Je ne dissimulais même pas mes craintes, et je disais dans ma préface que les recherches les plus laborieuses ne garantissent pas toujours de l'erreur. Aussi appelais-je les objections, et je crois qu'aucun de ceux qui me connaissent ne doutait qu'en parlant ainsi je ne fusse tout à fait sincère. Comme je m'écartais des opinions courantes, je redoutais d'être dans le faux; comme je voyais les faits autrement que beaucoup d'érudits, je pensais que peut-être je les voyais mal. J'espérais donc que ceux dont je combattais les théories les défendraient. Une réfutation en règle ne m'aurait pas étonné. Elle ne m'aurait même affligé que dans une certaine mesure. Quand on a consacré sa vie et son âme à l'étude d'une science, les petites piqûres de l'amour-propre d'auteur sont bien peu de chose à côté de l'intime jouissance que j'aurais éprouvée à ce qu'on me montrât la vérité. Cette réfutation n'est pas venue. »

Ce n'est point là un cri de triomphe qu'il pousse; c'est plutôt un regret qu'il exprime. Il avait des devoirs de la critique une idée très élevée, et il craignait qu'elle ne s'en acquittât pas toujours avec assez de scrupules.

Ceux, disait-il, qui s'attribuent le droit d'apprécier les travaux d'autrui sont pour la plupart des hommes qui ne savent rien du sujet ou qui s'imaginent le connaître parce qu'ils ont consulté quelque ouvrage de seconde main. Il est si commode de se traîner à la remorque d'un érudit en renom et de lui emprunter ses solutions, que beaucoup érigent ce procédé en système. Chercher par soi-même est une tâche pénible, tandis qu'il est aisé de feuilleter les écrits de Waitz ou de Mommsen, et, lorsqu'à leur contact on s'est frotté d'un léger vernis de science frelatée, on se croit autorisé à citer devant son tribunal et à condamner sans appel quiconque s'écarte des opinions communes. Si par hasard le critique est un spécialiste qui ait étudié personnellement la question, il tombe volontiers dans un autre travers. « Quand il juge un livre, soyez sûr qu'il songe à lui-même bien plus qu'au livre. Il fait une comparaison perpétuelle entre chaque page qu'il lit et l'idée qu'il a dans l'esprit. Si la page contredit son idée, naturellement il donne raison à son idée, et il lui paraît évident que c'est l'auteur du livre qui s'est trompé. » Il semble n'avoir qu'une préoccupation, c'est « de montrer que, si savant que puisse être l'auteur, il est, lui critique, plus savant que lui; il serait perdu d'honneur, s'il ne le démontrait pas »[1].

M. Fustel entendait tout autrement cette délicate fonction. Quel avantage y a-t-il à ce qu'on vous reproche d'être téméraire et systématique, de vous trouver en désaccord avec tel historien allemand, de négliger telle brochure, de ne pas mentionner telle hypothèse? A quoi sert l'énoncé de pareils griefs et quel profit la science en retire-t-elle? Ne vaut-il pas mieux cent fois saisir son adversaire corps à corps, peser l'une après l'autre toutes ses preuves, lui objecter des documents plus certains, combattre ses arguments par des arguments meilleurs? C'est par là seulement qu'on risque d'atteindre la vérité, qui est apparemment le but suprême du critique comme de l'auteur. Le critique, en un mot, devrait être, dans l'intérêt supérieur du progrès historique, non pas

1. Inédit.

l'ennemi, mais l'auxiliaire et le collaborateur du travailleur qui produit.

Une lettre de M. Fustel, provoquée par un article qui rendait compte de ses *Institutions*, résume toute sa doctrine sur ce point[1]. « Si M. X.... écrivait, je jugerais peut-être son livre, disait-il; mais comme c'est moi qui écris, c'est lui qui juge. Je ne m'en plaindrais pas et j'accepterais de grand cœur ses remarques. La science est si difficile et j'ai le sentiment si profond de cette difficulté que je demande qu'on m'aide. Mais le critique doit présenter la même rigueur de méthode que le livre lui-même. Il n'y a pas une de mes assertions qui ne soit appuyée sur une série de textes cités au bas des pages ou au moins indiqués. Pour qu'un critique soit en droit de rejeter une de ces assertions, il faut préalablement qu'il ait discuté les textes que j'invoque à l'appui et qu'il leur en ait opposé d'autres. C'est ce que M. X.... ne fait pas une seule fois. Il m'oppose simplement ses propres opinions; il se contente de dire qu'il

1. Cette lettre, destinée au directeur de la revue où avait paru l'article, ne fut pas envoyée; elle est datée du 3 août 1875.

pense autrement que moi. Cette manière de prouver ne peut convaincre ni moi ni aucun de vos lecteurs ».

Ce fut en partie pour apprendre aux critiques leur métier qu'il s'engagea à son tour dans de multiples controverses. Vainement ses amis s'efforçaient de le détourner de ces polémiques, qui avaient le double inconvénient de nuire à sa santé et d'interrompre ses travaux; il ne tenait aucun compte de leurs avis. Peu de temps avant sa mort, il se persuada qu'un de ses confrères de l'Institut avait récemment développé une thèse erronée, et il m'annonça l'intention de la réfuter point par point. Je l'en dissuadai dans la mesure où le permettait le respect. Il demeura inébranlable et me répondit : « C'est pour moi un devoir de conscience. » A ses yeux, l'emploi d'une bonne méthode de critique intéressait autant la morale que la science. Il y voyait presque une affaire de probité, et il estimait que pour l'appliquer une grande sûreté d'érudition ne suffisait pas, qu'il y fallait encore une grande « hauteur de caractère[1]. »

1. Cf. ce passage d'un rapport adressé par M. Fustel au

Il a marché en guerre contre une foule d'érudits, soit pour détruire leurs appréciations, soit pour défendre les siennes. Dans l'un et l'autre cas, sa règle inflexible a été de demander la vérité tout entière aux documents originaux.

S'agit-il par exemple du système de M. Viollet sur l'état primitif de la propriété hellénique? M. Fustel commence par dresser la liste des textes que ce dernier a réunis; il tâche d'en démêler la signification; il la met en regard de celle que M. Viollet leur attribue, et il termine par cette statistique. « Voilà les onze textes par lesquels M. Viollet essaie de prouver que les anciennes cités grecques ont pratiqué plus ou moins longtemps l'indivision du sol. Or le premier, le cinquième et le septième sont absolument inexacts; le deuxième, le troisième et le quatrième sont hors du sujet; le huitième est compris à faux; le neuvième et le dixième sont justement l'opposé de la thèse; le onzième vise

ministre le 28 septembre 1880 : « Par cela seul que les professeurs enseignent des vérités scientifiques, historiques, philosophiques, ils agissent indirectement sur le caractère. Comme ils donnent à l'esprit des habitudes de justesse, ils donnent aussi à l'âme le goût de la droiture. »

la publicité de la vente et non pas la communauté des terres. Ainsi, sur ces onze textes ou arguments, il n'y en a pas un seul qui reste debout [1]. »

S'agit-il d'une théorie analogue sur la Gaule mérovingienne? « Ce que nous avons de mieux à faire, dit-il, c'est d'observer l'un après l'autre chaque texte cité et de le vérifier. » Et alors il passe en revue quarante-cinq textes allégués par M. Glasson; il les traduit, il les commente à sa manière, et il aboutit à cette conclusion que treize sont étrangers et trente-deux contraires à la théorie [2]. « Fastidieux travail, ajoute-t-il; mais il est bon que le lecteur sache et voie par ses yeux comment on trouve la vérité et comment on ne trouve que l'erreur. »

S'agit-il enfin d'une conjecture de M. d'Arbois de Jubainville sur la disparition du druidisme? M. Fustel examine sur quels textes elle se fonde, et il en compte au total quatre, deux de César, un de Pomponius Méla, et un de Lucain. Il

1. *Questions historiques*, p. 78.

2. *L'Alleu*, p. 174 et suiv. M. Glasson a publié sous ce titre: *Les communaux et le domaine rural à l'époque franque*, une réponse qui n'a pu voir le jour qu'après la mort de M. Fustel.

s'attache à chacun de ces textes, il en fixe le sens de son mieux, et comme son interprétation diffère sensiblement de celle de M. d'Arbois, il déclare qu'il ne peut adhérer à son hypothèse, et qu'il garde ses doutes jusqu'à ce qu'il se découvre un texte qui l'autorise[1].

Voilà de quelle façon M. Fustel remplissait son rôle de critique. Il aurait bien voulu qu'on usât envers lui des armes mêmes qu'il employait contre autrui. Mais il recevait rarement satisfaction. On évitait d'ordinaire toute lutte sérieuse avec lui, et on se bornait habituellement à blâmer sa prédilection pour le paradoxe, pour les conceptions *a priori*, pour les déductions logiques, ou à louer son talent d'écrivain et ses qualités d'artiste. S'il n'avait consulté que son amour-propre, il aurait été enchanté qu'on n'osât pas toucher à son argumentation. Mais l'intérêt personnel était le dernier de ses soucis, et il eût de beaucoup préféré qu'on lui démontrât nettement ses erreurs. Les traits inoffensifs qu'on lui décochait à la hâte lui

1. *Nouvelles recherches*, p. 194 et suiv.

causaient une vive irritation, précisément parce qu'ils ne l'entamaient pas. Il avait beau inviter ses adversaires à pousser plus hardiment leur pointe; la plupart se dérobaient à cet appel. Il était comme un général d'armée qu'un ennemi insaisissable harcèle par de perpétuelles escarmouches, et qui voit toujours fuir l'occasion de livrer une bataille décisive.

Cette tactique, incompréhensible pour lui parce qu'elle était en dehors de ses habitudes, l'amena à penser qu'on s'était donné le mot pour méconnaître et rabaisser la valeur de ses ouvrages. Divers indices, soigneusement recueillis dans sa mémoire, fortifiaient en lui cette conviction. Tantôt il était averti que le directeur d'un grand établissement scientifique avait fermé l'entrée de la bibliothèque à son *Histoire des institutions*; tantôt on lui racontait que telles personnes, nommément désignées, s'étaient concertées pour mettre en pièces dans les revues spéciales son plus récent volume; tantôt on lui répétait, en les exagérant, quelques-uns de ces propos qui échappent parfois dans la conversation, et qui sont bien plutôt des boutades que des jugements réfléchis. M. Fustel en ressentait un profond chagrin, qu'aggravaient de jour en jour les progrès de la maladie. Ce fut là un des tourments qui empoisonnèrent la fin de son existence.

On s'est figuré que nourrissant en lui-même une secrète prétention à l'infaillibilité, il en était arrivé à ne pouvoir tolérer la plus légère critique. Un pareil état d'esprit supposerait chez lui une outrecuidance qu'il est injurieux de lui imputer. Il avait certes conscience de son mérite; mais il savait également combien l'étude de l'histoire est chose ardue et il était loin d'avoir une confiance illimitée dans ses propres ressources. Il n'avait guère la sérénité de l'homme qui compte aveuglément sur le succès. On l'a sottement appelé « un grand seigneur de la science ». Lui, se regardait comme un chercheur « qui interroge, qui scrute, qui peine et qui souffre ». Il parlait constamment de ses « labeurs » et de ses « luttes ». Sa vie n'a été qu'un long effort intellectuel, mêlé de vives jouissances et de poignantes angoisses. Même quand il se croyait en possession de la vérité, il se demandait encore avec anxiété s'il ne s'était pas trompé au moins sur quelques détails. Aussi, sans pousser le détachement de soi-même jusqu'au point de souhaiter qu'on le convainquît d'erreur, il était exempt de rancune envers ceux qui le surprenaient en faute. Loin d'écarter ses élèves de son champ d'études, il les engageait à l'y suivre, au risque de se préparer ainsi des contradicteurs, et il avait soin de leur dire : « Si vous rencontrez chez moi quelque affirmation fausse, ne manquez pas de la signaler; l'essentiel est que le vrai soit établi. »

Mais s'il laissait aux critiques une complète liberté d'appréciation à son égard, il exigeait qu'on discutât ses ouvrages avec tout le sérieux dont ils étaient dignes. Quand ce vœu légitime était exaucé, il ne s'avouait pas toujours vaincu, mais ses répliques étaient empreintes de la plus parfaite courtoisie. Lisez par exemple ses polémiques avec M. Julien Havet. Bien que ce dernier se soit attaqué à plusieurs de ses théories, M. Fustel ne cessa de lui témoigner une sympathie voisine de la déférence, parce qu'il approuvait sa méthode de discussion[1]. De même pour M. d'Arbois de Jubainville. M. Fustel a rompu quelques lances avec lui; mais il ne lui a jamais marchandé les éloges les plus flatteurs, et cela parce qu'il le considérait comme un homme dont l'unique pensée était le travail et la science [2]. Ceux, au contraire, qu'il tenait à tort ou à raison pour de faux savants, qui lui paraissaient avoir plus de surface que de fond, et dont les objections lui semblaient procéder, non de l'examen attentif des faits, mais d'une vue superficielle des choses, d'une opinion préconçue ou d'un sentiment d'hostilité, ceux-là avaient le don de l'agacer prodigieusement, et ses réponses en devenaient souvent plus âpres et plus mordantes.

On s'attendrait à rencontrer dans ses papiers confidentiels d'abondantes récriminations contre ses adversaires. Si quelques-unes de ces pages renferment des plaintes amères, aucune ne porte la trace d'une animosité quelconque contre une personne déterminée; et même c'est

1. Voir notamment *Nouvelles recherches*, p. 294.
2. *Ibid.*, p. 197.

tout au plus si deux ou trois fois un nom propre est prononcé. Ce qui domine, c'est la tristesse, c'est la crainte que l'histoire ne soit égarée par de mauvais conseillers.

Pourtant, comme il y avait, chez M. Fustel, un fond d'optimisme qui survivait aux plus fâcheux pronostics, il se plaisait à espérer que la vérité finirait un jour par avoir le dessus, et il se consolait des déboires présents en songeant qu'elle lui devrait peut-être une partie de son triomphe. « J'arrive, écrivait-il le 24 février 1888 à un de ses amis, j'arrive à l'âge où l'on ne pense plus à soi, mais où l'on pense beaucoup à l'œuvre pour laquelle on a travaillé et peiné. Mes livres ont été accueillis par trop de clameurs et de haines pour pouvoir produire quelque effet. C'est votre génération qui fera ce que j'avais voulu faire et qui mettra décidément l'histoire dans une voie scientifique. Je me suis fait trop d'ennemis en combattant la méthode subjective et toutes ses erreurs. Peut-être aurai-je été surtout utile en me faisant le bouc émissaire de tous ceux dont je dérangeais les beaux systèmes et dont je démasquais la fausse érudition. La voie sera plus libre pour vous (entendez : tous ses successeurs). J'ai rempli le rôle d'un humble chasse-pierres : j'ai dérangé les cailloux, et ils m'ont lancé leurs malédictions; mais vous passez, et la science historique avec vous. »

CHAPITRE VIII

Les vues de Fustel de Coulanges sur la méthode historique.

Il n'est pas douteux que M. Fustel de Coulanges a eu de bonne heure des opinions très nettes sur la méthode historique. Toutefois, s'il a professé à cet égard certains principes immuables dans tout le cours de sa carrière scientifique, il est visible aussi qu'il n'y a pas identité absolue sur ce point entre la *Cité antique* et les *Institutions de la France*. J'irai même plus loin : si l'on compare les deux premières éditions du tome I de cet ouvrage avec la troisième, on s'aperçoit que dans l'intervalle sa méthode s'est modifiée avec le temps; elle a gagné en rigueur, au risque de paraître plus étroite; elle s'est rapprochée chaque jour davantage des procédés habituels aux sciences de la nature; elle a acquis par là plus de précision et de sûreté; mais elle a perdu, en revanche, un peu de souplesse, et elle a fini par imposer aux érudits des conditions si dures qu'un petit nombre d'entre eux se sentent capables de l'employer avec efficacité.

Ces changements sont dus en partie aux critiques qui assaillirent l'*Histoire des institutions*. Quand M. Fustel vit que de tous côtés on contestait ses conclusions, il s'efforça de prouver qu'il avait pris la voie la meilleure pour arriver à la vérité. C'est alors qu'il réfléchit sur les règles de la méthode et qu'il les coordonna dans son esprit. Jusque-là il n'avait, à ma connaissance, rien écrit là-dessus. Dès lors, au contraire, il ne cessa de développer par la plume comme par la parole ses idées sur la matière. Cette insistance ne trahissait pas seulement chez lui le désir de justifier son œuvre historique par l'éloge de l'outil dont il se servait; il voulait de plus contribuer par ce moyen aux progrès de la science. Il avait prêché d'exemple; il lui fallait encore joindre la théorie à la pratique et continuer sous forme de conseils didactiques la propagande que ses livres avaient inaugurée.

La première qualité qu'il demandait à l'historien, c'était la tendance à douter. Il n'entendait pas par là « cette sorte d'indifférence ou d'indécision malsaine qui fait qu'on restera toujours dans l'incertitude », mais plutôt un doute provisoire, analogue à celui de Descartes. « Rien, écrivait-il, n'est plus contraire à l'esprit scientifique que de croire trop vite aux affirmations, même quand ces affirmations sont en vogue. Il faut, en histoire comme en philosophie, un doute méthodique. Le véritable érudit, comme le philosophe, commence par être un douteur[1]. »

Il classait les historiens en deux catégories : d'une part, « ceux qui pensent que tout a été dit, et qu'à moins de trouver des documents nouveaux, il n'y a plus qu'à s'en tenir aux der-

1. Inédit.

niers travaux des modernes »; de l'autre, « ceux que les plus beaux travaux de l'érudition ne satisfont pas pleinement, qui doutent de la parole du maître, chez qui la conviction n'entre pas aisément, et qui d'instinct croient qu'il y a toujours à chercher[1] ».

M. Fustel se rattachait à la seconde de ces écoles. La lecture d'un livre quelconque d'histoire, loin d'entraîner d'emblée son assentiment, éveillait sa défiance. Il était naturellement enclin à écarter les opinions reçues, même quand elles avaient les avantages d'une longue possession. Toutes d'après lui étaient sujettes à revision, et il n'était pas d'humeur à en accueillir une seule, les yeux fermés. Dans chaque question, il lui paraissait préférable de « faire d'abord table rase », de ne rien accepter sur la foi d'autrui, et de tenir en suspicion tout ce qu'on avait publié antérieurement.

On ne saurait nier qu'il n'y ait là quelque exagération. Si l'histoire est une science, il faut qu'elle procède comme toutes les sciences,

1. *Questions historiques*, p. 403.

sous peine de n'avancer jamais d'un pas. Or, le mathématicien, le physicien, le naturaliste, se défendent bien de bannir de leur pensée l'œuvre entière de leurs prédécesseurs; ils la prennent au contraire pour point de départ de leurs recherches, et ils ne vont eux-mêmes plus loin qu'en s'appuyant sur elle. Ce serait folie de la part du chimiste que de rejeter systématiquement toutes les lois énoncées avant lui, et d'attendre pour les admettre qu'il en ait vérifié l'exactitude par ses expériences personnelles. Loin de là : son premier soin est de les admettre toutes, tant qu'il ne les a pas reconnues fausses, et de débuter non par un acte de doute, comme le recommande M. Fustel, mais par un acte de foi. Pourquoi n'y aurait-il pas aussi dans cette science un fonds de vérités définitivement acquises, que chacun enrichirait par ses découvertes, et qui serait placé hors de toute discussion? Quel dommage notamment si les futurs historiens de la société mérovingienne, s'inspirant des préceptes de M. Fustel de Coulanges, faisaient à leur tour abstraction de tout ce qu'il a écrit, et affectaient de dédaigner ses travaux! Quand on publie un livre, c'est toujours avec l'espoir de démontrer la justesse d'une idée nouvelle. Or, à quoi bon nous donner tant de peine, si notre parole devait forcément se perdre dans le vide et se heurter à l'indifférence des gens dont l'adhésion nous est la plus précieuse, — c'est-à-dire de nos compagnons d'étude?

La doctrine de M. Fustel sur ce point offre donc de graves inconvénients; mais elle n'est pas non plus sans présenter quelques avantages. Le vrai se laisse moins facilement saisir en histoire que dans toute autre science; d'abord parce que nous n'avons pas sur toutes les époques une quantité de documents suffisante, et en second lieu parce que les croyances, les sentiments, les passions de l'historien tendent souvent à l'égarer. J'ajoute qu'une vérité historique n'a presque jamais la certitude d'une loi physique : la nature morale de l'homme, surtout de l'homme social, échappe beaucoup plus à nos investigations que la matière, et personne apparemment ne s'aviserait d'attribuer à un excellent ouvrage d'histoire la même valeur dogmatique qu'à un traité de chimie. Ainsi s'explique le scepticisme de M. Fustel à l'égard de ses devanciers. Si dans cet ordre d'études on est plus particulièrement sujet à l'erreur, si par suite dans les meilleurs travaux d'érudition le faux se mêle perpétuellement au vrai, il importe de les soumettre à une critique minutieuse et d'examiner par soi-même dans quelle mesure ils ont pour eux l'autorité des documents.

Ces travaux ne dispensent pas de recourir aux textes, car c'est par les textes que nous sommes obligés de les contrôler. Mais alors, se disait M. Fustel de Coulanges, pourquoi ne point commencer par interroger les originaux? Puisqu'on ne peut se passer des sources, ne vaut-il pas mieux s'adresser directement à elles quand on a encore l'esprit libre et qu'on n'a pas eu le temps de se faire une opinion d'emprunt? Ce n'est pas un bon moyen de comprendre un texte que de le lire à travers l'interprétation d'autrui. « Entre le texte et l'esprit prévenu qui le lit, il s'établit une sorte de conflit inavoué : l'esprit se refuse à saisir ce qui est contraire à son idée, et le résultat ordinaire de ce conflit n'est pas que l'esprit se rende à l'évidence du texte, mais plutôt que le texte cède, plie, s'accommode à l'opinion préconçue par l'esprit[1]. » Un pareil danger n'est pas à craindre lorsqu'on entre en contact avec le document sans intermédiaire, et qu'on ne s'est pas habitué auparavant à le considérer sous un jour spécial. Outre qu'on en reçoit dans ce cas une impression plus vive, il semble que ce texte directement consulté nous procure une vision plus juste de la réalité. Si habile qu'il soit, Augustin Thierry est un peintre moins fidèle des mœurs mérovingiennes que Grégoire de Tours.

Au surplus, M. Fustel n'allait pas jusqu'à prohiber l'usage des livres de seconde main. Il avouait lui-même qu'il avait eu des maîtres parmi les érudits des trois derniers siècles, et qu'il devait beaucoup à Guérard, à Pardessus, à Waitz. Il n'avait certes pas dépouillé tout ce qu'on a écrit avant lui sur l'antiquité et sur le

1. *La Monarchie franque*, p. 32.

haut moyen âge; mais aucun ouvrage sérieux ne lui avait échappé, et il connaissait au moins en gros la plupart des théories exprimées par ses prédécesseurs.

On ne saurait évidemment exiger davantage d'un historien, à moins de vouloir le réduire au rôle peu enviable de compilateur. Il n'est pas indispensable, pour être « au courant », de posséder à fond toute la bibliographie de la question que l'on traite. Combien n'y a t-il pas de volumes dans la littérature historique qui ne méritent que le dédain et l'oubli! Les seules opinions qui comptent sont celles qui prétendent s'appuyer sur les textes. C'étaient aussi les seules auxquelles M. Fustel accordât son attention, sans jamais aliéner son indépendance d'esprit. Partant de ce double principe que l'historien le mieux doué a pu se tromper et qu'il n'y a de vrai que ce qui est démontré par les documents, il ne voyait dans les assertions d'autrui qu'une invitation à étudier personnellement le sujet. Souvent il avait déjà résolu le problème à sa manière; il comparait alors sa solution à celle qu'on en proposait, ou plutôt il les rapprochait toutes les deux des textes, et c'est aux textes que restait le dernier mot.

Il est possible assurément que, sur bien des points où il a cru triompher de ses adversaires, ils aient eu raison contre lui ; il n'avait pas plus qu'eux le don de l'infaillibilité. Je constate simplement, et c'est ici l'essentiel, que pour lui toute la science historique se réduisait à la saine interprétation des documents, qu'en dehors d'elle il n'apercevait qu'erreurs, fantaisies et hypothèses creuses, que l'opinion d'un moderne, fût-elle d'un homme de génie, était à ses yeux négligeable si elle n'était point conforme aux sources, et qu'un aveu sincère d'ignorance lui semblait préférable à une affirmation en l'air.

Il remarquait que le champ de l'histoire était encombré d'une foule de « théories et de synthèses », qui tirent tout leur mérite de la réputation du savant qui les a le premier formulées. Il est des choses qui courent de bouche en bouche, de livre en livre, uniquement parce que MM. Mommsen, Waitz ou

Sohm les ont lancées dans la circulation. Chacun les répète par respect pour ces noms, célèbres, par routine, par paresse, et à la longue elles acquièrent la valeur d'un axiome. M. Fustel a toujours eu la curiosité d'examiner ce que cachaient ces belles apparences. Il a détruit plusieurs des systèmes à la mode; il en a ébranlé d'autres, et il exhortait ses élèves à poursuivre énergiquement la même besogne après lui. Il les avertissait que, « pour chercher quelque grande vérité, on avait presque toujours à réfuter préalablement quelque grosse erreur »; il leur conseillait de ne s'incliner devant aucun dogmatisme, de n'asservir leur pensée à aucun individu, mais plutôt « de voir tout par eux-mêmes et de marcher seuls » hardiment. La science telle qu'il la concevait était une école de dignité morale autant que d'émancipation intellectuelle.

Il ne voulait pas seulement que l'historien secouât le joug de toute autorité extérieure; il voulait encore qu'il tâchât de s'affranchir de lui-même et de se soustraire à l'empire de ses idées les plus intimes. « Je lui demande, disait-il, l'indépendance de soi, la liberté à l'égard de ses propres opinions, une sorte de détachement du présent, et un oubli aussi complet que possible des questions qui s'agitent autour de lui.... Il peut avoir au fond du cœur des convictions très arrêtées; mais il faut que, dans le moment de son travail, il soit comme s'il n'avait ni préférences politiques ni convictions personnelles[1]. » Volontiers il eût écrit avec Fénelon que l'historien ne doit être d'aucun temps ni d'aucun pays; non qu'il lui défendît d'aimer sa patrie ou de s'intéresser aux événements du jour : il n'avait pas la prétention d'en faire un être abstrait, confiné dans une tour d'ivoire et étranger à tout sentiment humain; mais il lui défendait d'obéir, en tant qu'historien, à ses passions de citoyen ou de patriote.

Il est dangereux, d'après lui, de confondre « le patriotisme, qui est une vertu, et l'histoire, qui est une science[2] ». Comme on lui reprochait d'avoir dit que la Gaule avait été aisé-

1. *Revue politique et littéraire*, 8 février 1879.
2. *La Monarchie franque*, p. 31.

ment conquise par César, il répondait sèchement qu'il l'avait dit parce que c'était la vérité. Alléguer « que les Gaulois ont dû lutter longtemps et s'insurger nécessairement contre la domination romaine », c'est peut-être agir en bon Français; mais c'est oublier que l'histoire est une science, et non pas un art où chacun s'abandonne à l'inspiration du moment [1]. Il considérait le chauvinisme des Allemands comme l'origine d'une infinité d'erreurs. « Je ne sais, dit-il, s'il y en a parmi eux qui soient capables de parler avec calme des batailles de Bouvines ou d'Iéna, d'Arminius ou de Conradin, des vertus des Germains de Tacite ou de l'essence germanique de certains radicaux.... Ils connaissent les textes, et analysent dans la perfection tous ceux qui n'ont aucun rapport avec l'histoire de leur patrie; mais ici l'analyse prend un caractère particulier; leur texte se prête à toutes les idées qu'ils ont d'avance en l'esprit, à tous les sentiments qui bouillonnent dans leur cœur. Ils l'interprètent, ils le modi-

1. *La Gaule romaine*, p. 64.

fient, ils en font ce que leur sentiment veut qu'il soit. Ils ont toujours, même en érudition, l'humeur guerroyante. Ils entrent dans un document comme dans un pays conquis, et bien vite ils en font une *terre d'Empire*[1]. »

Dans un bel article où perce par endroits quelque aigreur, mais qui contient beaucoup de vrai, il insiste fortement sur ce point. La plupart des Allemands assujettissent leur science à leur patriotisme; ils ne voient guère dans le passé que ce qui est « favorable à l'intérêt de leur pays »; leurs livres sont autant de panégyriques en l'honneur de leur race, et autant de pamphlets contre les ennemis qu'elle a eu à combattre. Le culte de la patrie est la fin suprême de leurs travaux. Ce qu'ils condamnent chez les autres, ils l'admirent chez eux. Ils altèrent les faits, non par calcul, mais de très bonne foi et presque à leur insu. Leur érudition « marche de concert avec les ambitions nationales », et s'évertue à leur créer des titres[2].

1. Inédit.
2. *Questions historiques*, p. 3 et suiv.

Les « préjugés » politiques et religieux, au sens étymologique du mot, ne sont pas moins funestes à la vérité. Voyez combien nos meilleurs historiens ont cédé à l'esprit de parti. Augustin Thierry est toujours demeuré à l'écart des affaires publiques, et pourtant il avoue que, s'il aborda l'étude de l'histoire vers 1817, ce fut pour y trouver des arguments à l'appui de ses opinions. Plus tard, cette étude lui plut pour elle-même; mais il ne cessa pas « de subordonner les faits à l'usage qu'il en voulait faire ». Il était tellement hanté par la pensée du présent que la « catastrophe » du 24 février 1848 lui arracha la plume des mains. Par cette révolution, l'histoire de France lui parut « bouleversée autant que l'était la France elle-même [1] ». Le passé n'avait plus de sens à ses yeux, du moment que la royauté bourgeoise de Louis-Philippe était par terre. Pour Michelet, on sait comment ses idées sur la vieille France se transformèrent à mesure que s'accentua son hostilité contre la religion

1. Préface des *Lettres sur l'histoire de France.* — Préface de l'*Essai sur l'histoire du Tiers-Etat.*

catholique et contre la monarchie. Quant à Guizot, ses ouvrages sont surtout des leçons « de politique rétrospective [1] ». Il apprécie les événements plus qu'il ne les raconte, et il les juge d'après les vues quelque peu étroites d'un doctrinaire de 1830. Il a dans sa tête un certain idéal de gouvernement, celui-là même qu'il essaya de réaliser, et il distribue l'éloge ou le blâme entre les divers régimes dont il parle, suivant qu'ils s'en rapprochent ou qu'ils s'en éloignent.

M. Fustel de Coulanges a constamment lutté contre cette tendance, et il a prouvé par son propre exemple qu'on pouvait éviter ce travers. Il n'avait pas de croyances religieuses; personne cependant n'a mieux saisi que lui l'esprit des religions antiques, et un écrivain catholique qui lui est peu favorable, M. Kurth, reconnaît qu'il a eu « le sentiment très profond de la place qu'avait l'Église dans la vie des hommes de l'époque mérovingienne ». Ses papiers inédits nous révèlent qu'il avait,

1. Émile Faguet, *Moralistes du XIXe siècle*, p. 328.

tout comme un autre, ses préférences politiques, mais il n'en laissait rien transpirer dans ses livres, et il serait malaisé de deviner, en le lisant, s'il était monarchiste ou républicain, libéral ou autoritaire.

On objectera peut-être que ses travaux se sont portés sur des siècles fort lointains, pour lesquels l'impartialité est facile, et que sa sérénité aurait sans doute été moindre s'il les avait conduits jusqu'au XVIIIe siècle et à la Révolution. Je suis persuadé, au contraire, qu'il l'aurait gardée tout entière : chez lui, en effet, le souci de la vérité primait tout le reste. En plein siège de Paris, il eut assez d'empire sur lui-même pour se rendre compte que cette ambition allemande, dont nous souffrions tant alors, avait des précédents dans notre histoire, et que Louvois avait presque excusé Bismarck. Quelques mois après, M. Thiers lui demanda d'écrire le récit de la guerre de 1870. A ce moment, tout le monde répétait en France que la responsabilité de cette guerre retombait exclusivement sur Napoléon III et son entourage; en tout cas, l'intérêt de parti voulait que cette thèse prévalût. M. Fustel se mit immédiatement à l'œuvre, et, quoiqu'il ne fût pas bonapartiste, il se convainquit que la guerre, obstinément souhaitée et préparée par la Prusse depuis 1815, avait pour auteur véritable M. de Bismarck; du coup, il dut renoncer à la tâche dont M. Thiers l'avait chargé dans une tout autre intention.

Pour être un bon historien, ce n'est pas assez de s'abstraire de ses opinions; il faut encore entrer dans les sentiments des hommes qu'on dépeint et se faire une âme pareille à la leur. Le précepte n'est point nouveau, puisque Tite-Live s'efforçait déjà de l'observer; mais nul ne lui a donné autant de rigueur que M. Fustel de Coulanges. Rencontre-t-il dans les documents un trait de mœurs singulier, une pratique bizarre, une institution anormale; il se garde de crier à l'invraisemblance et de se hérisser de scepticisme; il en conclut uniquement que les idées des anciens sur tous ces points différaient des nôtres. Le tirage au sort n'est pour nous qu'un moyen de remettre une décision au hasard; pour les Grecs, c'était une manière de pénétrer la volonté des dieux. Le servage de la glèbe nous paraît aujourd'hui une monstruosité, et cependant plusieurs peuples s'en sont fort bien accommodés. Un Romain de la République croyait être le plus libre des hommes, alors qu'il nous semble asservi à l'État; qu'est-ce que cela prouve, sinon que les Romains envisageaient la liberté autrement que nous?

M. Fustel note soigneusement toutes ces divergences, parfois en les outrant un peu. Il se montre partout très soucieux « de voir les faits comme les contemporains les ont vus, non pas comme l'esprit moderne les imagine[1] », et il a un si vif désir de replacer dans leur milieu les hommes et les choses du passé, qu'il en vient par moments à leur attribuer une originalité beaucoup trop grande; non qu'il oublie ce qu'il y a de permanent dans la nature humaine, mais il est encore plus frappé de tout ce qui nous sépare des anciens que de nos affinités avec eux.

1. *La Monarchie franque*, p. 303.

Il engage enfin l'historien à s'interdire toute appréciation subjective, et à expliquer les événements au lieu de les juger. Quel est en effet le critérium qui nous servirait ici de mesure? Ce serait évidemment l'ensemble de nos idées actuelles. Mais sommes-nous sûrs de n'avoir que des idées justes, et n'est-il pas probable que nous sommes dupes, comme nos aïeux, d'une multitude de notions fausses? Notre raison, à nous Français de 1896, n'est pas un de ces instruments de précision qui ne trompent jamais; elle est exposée à l'erreur, comme celle des Grecs, des Romains ou des Francs, et il n'est pas certain que ce qu'elle blâme soit toujours blâmable.

D'ailleurs, il n'y a rien d'absolu en ces matières : une législation n'est pas bonne ou mauvaise en soi; elle est bonne si elle est en harmonie avec les mœurs et les intérêts des individus qu'elle est appelée à régir, et elle est mauvaise si elle leur fait violence. Le duel judiciaire est à nos yeux une forme de procédure fort défectueuse; mais l'essentiel est moins de nous demander s'il offrait des garanties suffisantes à l'équité, que de constater s'il était « d'accord avec les croyances et les habitudes » des populations. Quel rapport y avait-il entre les institutions des peuples et leur état d'esprit, voilà au fond le seul problème que l'historien ait à résoudre.

C'est, je crois, amoindrir un peu trop son rôle que de le réduire à des limites si étroites. Sans doute, il doit dépouiller le plus possible l'homme moderne qui est en lui; mais s'ensuit-il qu'il doive s'abstenir de tout jugement sur le passé? N'est-ce pas une obligation pour lui de déterminer le degré de civilisation que chaque génération humaine a atteint? Et après qu'il a établi que telle coutume répondait au sentiment général de telle société, n'a-t-il pas le droit de rechercher ce qu'elle valait en elle-même? L'idée de justice n'est pas, quoi qu'on dise, une pure illusion de l'esprit. Si ami que l'on soit du paradoxe, on n'ira pas apparemment contester qu'un peuple qui massacre les prisonniers de guerre ne soit infiniment plus grossier qu'un peuple qui respecte leur vie. Les applaudissemente frénétiques qui saluèrent la révocation de l'édit de Nantes — un acte qui aujourd'hui soulèverait chez nous une réprobation presque unanime — donnent à penser que nos ancêtres du XVIIe siècle nous étaient, à quelques égards, inférieurs. Le christianisme, même altéré par les superstitions que le vulgaire y a introduites, laisse bien loin derrière lui le paganisme hellénique. Napoléon était un despote que les scrupules gênaient peu, et pourtant ses pires violences ne sont rien en comparaison de celles que commettaient les empereurs romains ou les princes asiatiques. L'historien ne se contentera pas de faire toutes ces distinctions; il faudra en outre qu'elles lui apparaissent comme l'indice d'un grand progrès, et, s'il voit par hasard un peuple abolir l'esclavage ou la torture, il n'hésitera pas à proclamer que les idées morales de ce peuple se sont notablement épurées.

Après avoir énuméré les qualités qui rendent un homme apte à découvrir la vérité historique, M. Fustel de Coulanges décrit la méthode qu'il convient d'adopter. Elle consiste simplement à réunir tous les textes que l'on a sur une question, à les étudier à fond, sans en oublier un seul, à n'en tirer que ce qu'ils contiennent, et à ne jamais suppléer à leur silence par de vaines hypothèses.

J'ignore comment il procéda pour la *Cité antique*. Pour l'époque mérovingienne, il n'est pas douteux qu'il lut d'abord tous les documents, « non pas une fois, mais plusieurs fois, non pas par extraits, mais d'une manière continue et d'un bout à l'autre [1] ». Il les connaissait assez pour pouvoir dire combien il existait de textes sur un sujet et en combien de passages tel mot y était employé [2]. Il recommandait d'assigner à chaque terme le sens précis qu'il a non seulement dans la langue, mais même dans l'auteur et dans l'endroit cités [3]. Il conseillait de ne négliger aucun détail dans la phrase qu'on avait sous les yeux, d'en explorer attentivement tous les recoins, et il était lui-même de ceux à qui rien n'échappe. Enfin, s'il y avait désaccord entre

1. *L'Alleu*, p. 172.
2. *Ibid.*, p. 269; *le Bénéfice*, p. 318.
3. *L'Alleu*, p. 170.

plusieurs témoignages dignes de foi, il recommandait de tout faire pour les concilier avant de se résoudre à en rejeter un seul. Ce sont là des règles que les bons esprits ont toujours suivies; il est donc inutile de s'y appesantir; mais je voudrais montrer comment M. Fustel les applique; on saisira mieux de cette façon quelle était sa manière de travailler.

Il se propose de réfuter l'opinion de ceux qui placent le régime de la communauté des terres dans la vieille Germanie et qui regardent la « marche » indivise du XIIe siècle comme le débris d'une « mark » originelle et primitive. Pour cela, il passe en revue tous les textes où se lit le mot « marca », depuis le VIe siècle jusqu'au XIIe; il les commente, il en fixe la signification exacte, et il aboutit à une théorie qui se résume ainsi : Au VIe et au VIIe siècle, « marca » a le sens de limite et indique la ligne séparative de deux fonds ou de deux royaumes voisins; au VIIIe et au IXe, le terme conserve encore ce sens-là, mais il commence déjà à s'étendre des bornes de la propriété à la propriété elle-même. Jamais, en tout cas, la « marche » ne nous est signalée dans cette longue période comme une terre commune à tous les habitants d'une contrée; c'est tout au plus si ce mot fait parfois allusion à une sorte d'indivision partielle qui ne ressemble guère à un système de communauté agraire [1]. Ces analyses se comptent par centaines dans les ouvrages de M. Fustel, et presque toujours elles sont très probantes.

Un modèle du genre, c'est le chapitre où il définit ce qu'était l'alleu. « On a construit sur ce seul mot, dit-il, tout un système. On a supposé d'abord qu'il désignait une catégorie spéciale de terres qui auraient été tirées au sort. De cette hypothèse on a tiré la conclusion logique que les Francs avaient dû, à leur entrée en Gaule, s'emparer d'une partie des terres et qu'ils se les étaient partagées entre eux par la voie du sort. D'où cette conséquence encore qu'il y aurait eu, à partir de cette opération, une catégorie de terres appelées *alleux*, lesquelles auraient eu comme caractère distinctif

1. *Recherches sur quelques problèmes d'histoire*, p. 325 et suiv.

d'appartenir à des Francs, de leur appartenir par droit de conquête, d'être par essence réservées à des guerriers et de posséder certains privilèges, tels que l'exemption d'impôt. Ces déductions aventureuses ne sont pas de la science. » Et voici par quoi il les remplace.

Il interroge successivement toutes les lois barbares — loi salique, loi des Ripuaires, loi des Thuringiens, loi des Bavarois, — puis les formules, puis les chartes, et il établit par là « que le sens du mot *alodis* à l'époque mérovingienne fut celui d'hérédité, qu'un peu plus tard il a signifié la propriété patrimoniale, que plus tard encore il s'est dit de toute propriété, mais qu'en aucun cas il n'a désigné une classe spéciale de terres ». Il remarque que l'alleu existait pour les Romains comme pour les Francs, pour les femmes comme pour les hommes, que la locution *alodis* était usitée dans toutes les parties de la Gaule, qu'en revanche elle était inconnue des Wisigoths, des Burgondes, des Lombards et des Saxons, qu'il n'est pas sûr dès lors « que les différentes branches de la race germanique l'aient emportée de leur commune patrie », que, selon toute apparence, elle « était entrée dès les derniers temps de l'Empire dans la langue des praticiens de la Gaule, et qu'ensuite Francs et Romains s'en servirent également, par cette raison que l'héritage était chose également romaine et germanique [1] ». Une discussion ainsi conduite peut mener à l'erreur si l'auteur manque de perspicacité; mais il est clair qu'elle donne peu de place à la fantaisie et à l'imagination.

Partir des textes et revenir constamment aux textes, tel est le principe fondamental de M. Fustel. « Les textes ne sont pas toujours véridiques; mais l'histoire ne se fait qu'avec les textes, et il ne faut pas leur substituer ses opinions personnelles. Le meilleur historien est celui qui se tient le plus près des textes, qui n'écrit et même ne pense que d'après eux [2]. » Ce n'est pas qu'on doive accepter aveuglément tout ce qu'ils disent. M. Fustel savait mieux que personne combien ils abondent en lacunes et en erreurs, et il les maniait avec une extrême

1. *L'Alleu*, p. 149 et suiv.
2. *La Monarchie franque*, p. 33 et 69.

prudence. Nos moyens d'information ne sont souvent que de seconde main. Les ouvrages d'Hérodote, de Denys d'Halicarnasse, de Tite-Live, de Plutarque, de Dion Cassius n'ont pas la valeur d'une source originale; ils nous racontent les événements, non pas comme ils se sont passés, mais comme tous ces auteurs les conçoivent, et il se peut que leurs récits soient parfois infidèles. C'est à l'historien de juger jusqu'à quel point ils méritent créance. Les documents anthentiques, inscriptions, textes de lois, chartes, diplômes, monuments figurés, ont en général une plus grande autorité et éveillent moins de défiances, bien que la critique ait aussi de fréquentes occasions de s'exercer sur eux. En tout cas, c'est là, c'est dans cette double série de témoignages que gît, sinon la vérité historique, du moins la portion de vérité qui nous est accessible pour l'instant.

Si sur une époque nous n'avons point de textes, ou si nous n'en possédons que d'inintelligibles ou d'incomplets, nous n'avons qu'à confesser notre ignorance. Les anciens ne nous apprennent rien de satisfaisant sur les Étrusques; attendons, pour parler d'eux, qu'on ait réussi à déchiffrer leurs inscriptions. Nous ne sommes pas obligés de croire tout ce que Tite-Live et Polybe nous disent des Carthaginois; mais nous n'avons pas le droit de les rectifier en traçant de ce peuple un portrait factice. Nous avons peu de renseignements sur les lois, les mœurs, les usages des Gaulois. M. d'Arbois de Jubainville essaie de les reconstituer par l'étude approfondie des documents gallois et irlandais du moyen âge. Malgré la haute estime qu'il avait pour le talent de cet érudit, M. Fustel a toujours désapprouvé son procédé; il nie que des livres coutumiers, dont le plus ancien n'est pas antérieur au XIVe siècle, et qui de toute manière sont bien postérieurs à l'introduction du christianime en Irlande, nous révèlent l'état juridique de la Gaule au temps de César [1].

On peut remédier à l'insuffisance des textes par le rapprochement et la comparaison. La

1. *La Gaule romaine*, p. 120; *Nouvelles recherches*, p. 200.

Germanie de Tacite est obscure par excès de sobriété ; n'est-il pas naturel de l'élucider et de la contrôler à l'aide des codes barbares ? De même, s'il y a des indices que telle institution a suivi chez la plupart des peuples une marche déterminée, il paraît légitime d'étendre par voie d'induction la même règle à toutes les autres. M. Fustel de Coulanges ne s'est point privé de cette ressource. La *Cité antique* tend à démontrer, par un perpétuel parallèle entre les Grecs et les Romains, que des principes identiques ont régi le développement de ces deux sociétés, qu'elles ont eu des croyances, des lois, des gouvernements analogues, et qu'elles ont traversé les mêmes révolutions. Dans le volume sur la *Monarchie franque*, à la fin de chaque chapitre, l'auteur a soin de vérifier si les faits qu'il vient de constater dans l'État mérovingien se manifestent aussi dans les royaumes barbares.

Il est loin par conséquent de dédaigner la méthode comparative ; il la croit utile, nécessaire même, pourvu qu'elle soit bien pratiquée. « Il y a des rapprochements justes, dit-il. On les reconnaît à ces deux conditions : l'une, que les deux textes ou les deux faits qu'on rapproche aient été d'abord analysés isolément et étudiés chacun en soi; l'autre qu'on puisse montrer entre les deux un rapport certain, un lien visible, un point de jonction [1]. » Si dans un récit de Grégoire de Tours il était question d'un jugement rendu en vertu de la loi salique, il serait loisible de le commenter au moyen des articles de cette loi; mais ce qui est téméraire, c'est de commenter exclusivement d'après la loi salique tous les jugements que raconte Grégoire de Tours. Il est possible que le collectivisme ait été la forme primitive de propriété foncière chez tous les peuples; mais avant de risquer une pareille affirmation, il faut examiner les divers peuples l'un après l'autre et découvrir dans leur histoire des traces indéniables de l'indivision du sol. Or il est rare que les érudits prennent tant de précautions. « Ils prétendent deviner les institutions les plus générales de l'humanité à

1. *Revue des questions historiques*, 1er janvier 1887.

l'aide de quelques cas particuliers qu'ils vont chercher de droite et de gauche, et qu'ils ne se donnent pas la peine d'observer avec exactitude. Et, ce qui est encore plus grave, ils omettent et laissent de côté les faits constants, normaux, bien avérés, ceux qui sont inscrits dans les législations de tous les peuples et qui ont composé leur vie historique [1]. »

La méthode tracée par M. Fustel de Coulanges est en somme un merveilleux instrument de travail. J'en ai signalé les imperfections; mais j'avoue qu'il n'en est pas de plus rigoureuse. Le malheur est que cette méthode n'est pas à l'usage de tout le monde; elle est faite pour quelques hommes d'élite; elle n'est pas faite pour tous les érudits. Il faut, pour la pratiquer, plusieurs conditions qui se trouvent rarement réunies dans une même personne : une intelligence large, vive, et pénétrante, un esprit net, précis et vigoureux, également propre aux patientes recherches de détail et aux conceptions les plus hautes,

1. *Questions historiques*, p. 102.

une puissance extraordinaire d'application, un amour passionné du vrai, un oubli complet de soi, une vie vouée sans réserve à la science.

M. Fustel a eu toutes ces qualités; mais il est peu d'historiens qui partagent ce privilège avec lui. Aussi sa méthode ne peut-elle pas être employée par tous indistinctement. Se figure-t-on, par exemple, le premier venu d'entre nous se campant en face des textes et essayant d'y découvrir la vérité à l'aide de ses seules lumières? Et pour citer les noms les plus grands, imagine-t-on Michelet se résignant à raconter l'histoire de la Révolution d'une façon tout objective, sans y rien mettre de son cœur ni de ses idées? Au fond, chacun se crée un peu à lui-même sa méthode. Il en est qui ont une sorte de respect instinctif pour les travaux des savants en renom et qui aiment à répéter ce qu'on a dit avant eux. D'autres, plus originaux ou d'humeur plus indépendante, remontent aux sources et s'y plongent hardiment. Ces divergences sont inévitables et jusqu'à un certain point légitimes, parce qu'elles tiennent à la force même des choses. Mais, si l'on se place dans l'absolu, la méthode préconisée par M. Fustel doit avoir toutes les préférences, et celui-là accomplira l'œuvre la meilleure qui sera le plus capable de s'y conformer.

CHAPITRE IX

Les idées de Fustel de Coulanges sur la philosophie de l'histoire.

M. Fustel de Coulanges se montrait volontiers sévère pour les systèmes qu'a enfantés la « philosophie de l'histoire ». Alors qu'on est souvent tenté d'en admirer la profondeur, l'originalité et la finesse, lui ne cessait de s'en plaindre et s'en irriter. Il avait pour eux la même aversion que les positivistes pour les concepts purement métaphysiques. L'influence de la race, l'action du milieu géographique, l'idée du progrès, le fatalisme, l'intervention de la Providence dans les affaires humaines entendue à la façon de Bossuet, tout cela était pour lui sans grande portée. Dans la rivalité d'Athènes et de Sparte il voyait autre chose qu'une lutte entre l'esprit ionien et l'esprit dorien. Les efforts de Taine pour expliquer le caractère anglais par le climat et le mode d'alimentation le faisaient sourire. Il décrit à merveille l'évolution des idées et des sentiments qui animent les sociétés, mais nulle part il ne se demande si leur histoire suppose une amélioration graduelle de l'âme humaine. Son intelligence était libre de toute croyance au surnaturel, et il n'interrogeait jamais que la raison pour rendre compte des événements. Il n'admettait pas que les destinées d'une nation fussent irrévocablement fixées à l'avance; il pensait, au contraire, que le sort d'un peuple dépend surtout de lui-même, et il dit en propres termes que « le régime féodal ne se serait pas établi si la majorité des hommes avait voulu qu'il ne s'établît pas ».

On ne saurait blâmer une tentative aussi méritoire pour bannir du domaine de l'histoire toute opinion *a priori*. Il semble pourtant que M. Fustel a été trop prompt à condamner ces systèmes. S'il en est dans le nombre qui sont des œuvres d'imagination, la plupart se fondent sur une connaissance, incomplète, il est vrai, mais enfin réelle, des faits, et il y a quelque injustice à les englober tous dans le même mépris. Même s'ils n'étaient que de simples hypothèses, ils seraient dignes souvent d'attention, car on sait la place que l'hypothèse occupe dans les sciences. Or, chacune de ces théories renferme une part indiscutable de vérité; chacune d'elles n'est que l'expression plus ou moins outrée d'une loi expérimentale. Ceux qui les formulent en exagèrent presque toujours la valeur, mais il ne s'ensuit pas qu'elles soient absolument sans profit pour nous. L'ethnographie et la géographie ne nous livrent pas à elles seules tout le secret de l'histoire de l'humanité; mais, si peu que ce soit, elles contribuent pourtant à y jeter quelques lueurs. Le fatalisme nous avertit que notre liberté morale a des limites; il éveille notre esprit sur ce qu'il y a d'inconscient et d'irréfléchi dans nos actes, et il nous invite à mieux marquer la suite et le lien des faits. Il peut être périlleux de se préoccuper incessamment de l'idée de progrès; mais il ne l'est pas moins de n'y jamais songer, car il est impossible de décider s'il y a eu progrès d'un siècle à l'autre sans une étude sérieuse des deux époques. Ainsi ces systèmes, pour lesquels M. Fustel professait tant de dédain, offrent néanmoins quelque utilité, lorsque au lieu de leur demander la solution définitive des graves problèmes qu'ils agitent, on n'y cherche qu'un ensemble de vues tantôt exactes, tantôt conjecturales, mais généralement très suggestives, sur l'histoire.

Il était loin d'ailleurs d'être aussi étranger qu'il le prétendait parfois à l'esprit de synthèse. S'il avait eu ce défaut, il aurait été assurément un grand érudit; il n'aurait pas été un grand historien. Son mérite vient justement de ce qu'il réunit en lui le goût des menues recherches et l'aptitude à tirer de ces patientes analyses une conception systématique. L'attrait de ses ouvrages n'a pas d'autre cause; même quand il paraît s'égarer dans l'infiniment petit, on sent qu'il est sur la piste de quelque importante vérité. S'il creuse le sol, c'est pour y poser les fondements d'une vaste construction, et lorsqu'il a exécuté de son mieux ce travail préliminaire, l'édifice s'élève ensuite très haut et sans effort.

Il avait sur le développement de l'humanité un ensemble d'opinions bien liées. D'ordinaire, il préférait les garder pour lui seul, peut-être afin d'éviter la censure de ceux qui affectaient de le considérer comme un fantaisiste. Mais, malgré lui, il en laissait par moments échapper quelque chose. Il avait beau se confiner dans l'observation du détail; souvent il brisait d'un mouvement brusque le cadre étroit où il s'était emprisonné, et, jetant ses regards sur un horizon plus étendu, il ouvrait au lecteur de larges perspectives sur l'avenir comme sur le passé. Il y avait en lui un philosophe, j'entends un homme à idées générales, qui, pour n'être pas toujours en vedette dans ses écrits, y était partout présent et partout visible. Il ne se défendait pas d'ailleurs contre cette propension de son intelligence; car tout en déclarant que l'histoire « ne consiste pas à disserter avec profondeur », mais plutôt « à constater les faits, à les analyser, à les rapprocher, à en marquer le lien », il avouait qu' « une certaine philosophie » pouvait s'en dégager, à condition « qu'elle s'en dégageât d'elle-même, presque en dehors de la volonté de l'historien[1] ».

L'objet d'étude qu'il assignait à l'historien, c'était l'âme de l'homme, non pas de l'homme isolé, mais de l'homme en société. « L'histoire n'est pas l'accumulation des événements de toute nature qui se sont produits. Elle est la science des sociétés humaines. » Elle cherche « comment ces sociétés ont été constituées, quelles forces ont maintenu la cohésion et l'unité de chacune d'elles ». Elle étudie « les organes dont elles ont vécu, leur droit, leur économie publique, leurs habitudes d'esprit, leurs habitudes matérielles, toute leur conception de l'existence[2] ». Elle doit aspirer à déterminer ce que les groupes sociaux ont cru, pensé, senti à travers les âges[3]. Elle est la sociologie même.

1. *La Monarchie franque*, p. 32.
2. *L'Alleu*, p. IV.
3. *La Cité antique*, p. 103.

Il semble par conséquent que la qualité la plus indispensable de l'historien soit la perspicacité du sens psychologique. M. Fustel soutient pourtant qu'il peut aisément s'en passer; il trouve même qu'il est dangereux de travailler « à démêler les replis cachés du cœur humain[1] »; car on s'expose par là à de graves méprises sur les raisons des faits; on risque surtout d'attribuer une influence excessive aux calculs et aux caprices individuels. Il estime, quant à lui, que l'évolution des sociétés échappe presque totalement à l'action des grands hommes et que ceux-ci ont dans l'histoire un rôle à peu près nul.

On est étonné de voir combien peu il s'occupe des personnages qui ont brillé dans le cours des siècles. Dans la *Cité antique*, il en mentionne à peine quelques-uns, et simplement comme points de repère chronologique. Dans les *Institutions*, il en signale un plus grand nombre, mais il se tait sur leurs qualités ou sur leurs défauts; on ferme son livre sans

1. *L'Invasion germanique*, p. 240.

savoir ce qu'étaient Brunehaut, Dagobert, Charlemagne, Charles le Chauve; il nous les représente comme des êtres abstraits, qui ne se distinguent les uns des autres que par leurs noms, et il est indubitable qu'à ses yeux leur apparition sur la scène du monde est un détail assez secondaire.

Je ne m'attarderai pas à combattre une théorie dont l'étroitesse est manifeste. Je noterai simplement que M. Fustel lui-même semble parfois la mettre en oubli. Dans son sixième volume il montre que si la royauté mérovingienne tomba en décadence, « la faute en fut d'abord à la famille régnante », que la plupart de ces princes furent cupides, violents et immoraux, qu'ils n'eurent aucun esprit politique, que la possession du pouvoir ne fut pour eux qu'un moyen de satisfaire leurs passions, et que par suite l'autorité publique perdit tout prestige. Il suppose donc implicitement que les choses auraient pu tourner autrement, si ces souverains avaient été meilleurs; ce qui revient à dire que l'histoire d'un peuple s'explique, au moins en partie, par les vertus et les vices de ceux qui le gouvernent. J'accorde volontiers que la Révolution française devait tôt ou tard aboutir à une dictature militaire; mais il n'en résulte pas que la constitution intime de Napoléon n'a été pour rien dans nos destinées.

Pour M. Fustel, le seul agent des phénomènes sociaux, c'est la foule. Il est assez indifférent de connaître les pensées personnelles de César, d'Auguste ou de Richelieu; il vaut bien mieux comprendre les passions et les idées des hommes de leur temps, non des plus éminents, mais de la multitude anonyme et confuse. Il lui est parfois arrivé d'esquisser des portraits; sauf de rares exceptions, ce sont toujours des portraits de quelque être collectif, comme le Grec ou le Romain, ou de quelque type, comme le roi franc, mais jamais des portraits individuels.

Il excellait à dessiner d'un trait rapide ces sortes de physionomies. Il écrivait, par exemple [1], « qu'autant le Grec déteste par ins-

1. *Questions historiques*, p. 301.

tinct l'étranger puissant, autant il l'aime par vanité », que, si les Romains ont été une nation conquérante, c'est moins par amour de la gloire que par amour de l'argent[1], que les Grecs du moyen âge, « très subtils en matière de controverses théologiques », étaient plus soucieux « de philosopher que de croire [2] », que « plus une religion est grossière, plus elle a d'empire sur la masse du genre humain[3] », que « le cœur du paysan n'est pas fait de telle manière qu'une loi qui l'attache à son champ lui paraisse d'abord inique et cruelle[4] », qu'il est assez ordinaire que « les mêmes hommes affaiblissent l'autorité sans s'en douter et lui reprochent ensuite d'être trop faible[5] ». Il était surtout très habile à dépeindre l'évolution morale des peuples et la mobilité de leurs opinions, et c'est à cela qu'il apportait tous ses soins, étant persuadé que « le fond de la science historique, c'est l'observation de la continuité

1. *L'Invasion germanique*, p. 208.
2. *Les Transformations de la royauté*, p. 295.
3. *La Monarchie franque*, p. 569.
4. *Recherches sur quelques problèmes d'histoire*, p. 97.
5. *Les Transformations de la royauté*, p. 216.

des choses et de leurs lentes modifications[1] ».

Il réduisait à rien ou presque rien l'influence de la race, du moins dans l'antiquité et le haut moyen âge. La race, d'après lui, est un produit de l'histoire et non pas un produit de la nature. Les peuples se ressemblent d'autant plus qu'on remonte davantage vers leurs origines; c'est le temps qui met entre eux des divergences, et leurs qualités ne sont pas innées, mais acquises. Aucun d'eux n'est foncièrement belliqueux ou pacifique : « le goût de la paix et celui de la guerre prennent le dessus suivant le tour que le régime politique où l'on vit imprime à l'âme[2]. » S'il en est aujourd'hui qui paraissent avoir des aptitudes spéciales pour tel ou tel mode de gouvernement, pour tel ou tel mode d'activité, ils les tiennent de la longue action des siècles qui pèsent sur eux.

Il ne croyait pas non plus à l'efficacité ni même à la réalité des vastes desseins qu'on prête aux grands politiques. Ceux-ci ne songent

1. *Le Bénéfice*, p. 206.
2. *La Gaule romaine*, p. 135.

guère, en général, à violenter les populations qu'ils gouvernent, et, si par hasard ils en conçoivent l'ambition, ils se condamnent à un échec infaillible.

Dans une discussion mémorable qui eut lieu à l'Institut, M. Fustel prononça une parole qui étonna beaucoup. « Ce qui caractérise le véritable homme d'État, dit-il, c'est le succès[1]. » Le succès, en effet, est l'indice qu'un homme politique a deviné les besoins réels de ses contemporains, et qu'il leur a accommodé ses plans. S'il eût voulu agir autrement, il n'aurait rencontré qu'hostilité ou indifférence, et son œuvre eût été dès le début frappée de caducité. Un

1. « Ce n'est pas que nous adorions la fortune, mais c'est parce que le gouvernement des peuples n'est pas une spéculation pure. Il ne suffit pas à l'homme d'État comme au philosophe que ses vues soient conformes à un idéal de morale et de logique; ce qui importe avant tout, c'est qu'elles soient applicables. Il faut qu'elles s'adaptent aux intérêts complexes, aux besoins variés, même aux passions et quelquefois aux préjugés ou aux erreurs des hommes. C'est alors seulement qu'il peut exercer une action sur la société, et la rendre ou plus forte, ou plus prospère, ou meilleure. S'il ne réussit pas, si la société sort de ses mains telle qu'il l'avait reçue, on pourra dire de lui qu'il est un penseur profond ou un courageux initiateur; on ne reconnaîtra pas volontiers qu'il soit un homme d'État parfait. » (*Compte rendu des séances de l'Académie des sciences morales*, t. CVII, p. 428.)

homme d'État qui échoue, comme Turgot, est presque toujours victime du désaccord qui existait entre ses propres vues et les vœux de l'opinion publique[1]. On peut poser en règle qu'un événement qui procède exclusivement de la fantaisie d'un individu restera à peu près stérile. Le couronnement de Charlemagne comme empereur « a eu peu de portée sur la marche des institutions du pays[2] », parce qu'il ne fut ni réclamé ni attendu par les populations. Il est même assez fréquent qu'une réforme produise de tout autres effets que ceux qu'en espérait son auteur. Les Carolingiens imaginèrent de fortifier leur autorité par le sacre; ils comptaient qu'en se présentant à leurs sujets comme les délégués directs de Dieu, ils n'en seraient que mieux obéis. Or il advint que la puissance énorme qu'ils tiraient de là

1. « L'opinion publique que l'histoire doit observer et constater n'est pas l'opinion du petit nombre d'hommes qui pensent, c'est l'opinion de la foule qui vit. Cette opinion publique n'est pas une idée pure qui parte de l'intelligence des plus éclairés ou de la conscience des meilleurs; elle sort des intérêts les plus égoïstes et des sentiments les plus étroits. » (*Compte rendu*, p. 470.)

2. *Les Transformations de la royauté*, p. 321.

fut pour eux une cause de faiblesse. « Commander au nom de Dieu, vouloir régner par lui et pour lui quand on n'est qu'un homme, c'est s'envelopper d'un réseau d'inextricables difficultés. L'idéal en politique est toujours dangereux. Compliquer la gestion des intérêts humains par des théories surhumaines, c'est rendre le gouvernement presque impossible[1]. »

Ce n'est pas par des principes rationnels qu'on mène le monde, c'est par l'intérêt : tel est l'axiome que répète à satiété M. Fustel de Coulanges. Il n'ignorait pas que dans la *Cité antique* il avait dit précisément le contraire, qu'il y avait soutenu que les sociétés primitives avaient été régies par leurs croyances, « qu'elles ne s'étaient point demandé si les institutions qu'elles se donnaient étaient utiles, que ces institutions s'étaient fondées parce que la religion l'avait ainsi voulu, et que ni l'intérêt ni la convenance n'avaient contribué à les établir[2] ». Mais, ajoutait-il, cette réflexion n'est vraie que des âges les plus lointains de l'hu-

1. *Les Transformations de la royauté*, p. 233.
2. *La Cité antique*, p. 376.

manité, et depuis, des idées différentes ont prévalu. Il y a vingt-cinq siècles que « les intérêts sont devenus la règle de la politique ». Ce sont eux qui élèvent ou qui renversent les régimes successifs des nations. « La violence des usurpations, le génie des grands hommes, la volonté même des peuples, tout cela est pour peu de chose dans ces monuments qui ne se construisent que par l'effort continu des générations et qui ne tombent aussi que d'une chute lente et souvent insensible. Si l'on veut expliquer comment ils se sont édifiés, il faut regarder comment les intérêts se sont groupés et assis. Si l'on veut savoir pourquoi ils sont tombés, il faut chercher comment ces mêmes intérêts se sont transformés ou déplacés [1]. » On aurait tort d'ailleurs de se figurer qu'un peuple ait toujours l'intuition de ses vrais intérêts. Combien n'en a-t-on pas vus courir à leur perte sous l'empire des plus singulières illusions! Mais, alors même qu'ils se trompent, c'est leur intérêt que tous croient poursuivre.

1. *Revue des Deux Mondes*, 15 mai 1873.

Une pareille doctrine appellerait évidemment quelques réserves. Il est faux que l'intérêt soit tout en histoire et que les idées pures n'y jouent aucun rôle. Ce couronnement de Charlemagne, qui paraît à M. Fustel un événement presque insignifiant, a eu de graves conséquences, puisqu'il a suscité, pour une large part, les grandes ambitions des empereurs allemands, de Charles-Quint et de Napoléon. Les Romains ont conquis l'univers, non seulement par cupidité, mais encore par orgueil. Je cherche vainement quel était l'intérêt matériel qui arma tant de fois les hommes du moyen âge pour la délivrance du Saint-Sépulcre. Et aujourd'hui même, n'est-il pas avéré que si la France s'obstine à faire de la question d'Alsace-Lorraine le pivot de sa politique étrangère, c'est pour une raison bien supérieure à des motifs d'intérêt? De tout temps, l'intérêt a guidé les sociétés humaines; mais de tout temps aussi elles ont obéi à des inspirations d'un ordre plus élevé, et ce sont justement ces mobiles que M. Fustel a un peu trop négligés.

Il importe toutefois d'ajouter à sa décharge

qu'il n'a prétendu parler que des institutions, et qu'en cette matière c'est vraiment aux intérêts qu'appartient la prépondérance. L'action extérieure d'un peuple n'affecte la masse des citoyens que d'une façon intermittente ; souvent même elle se déroule au-dessus d'eux et en dehors de leur participation. Les institutions, au contraire, agissent à chaque minute sur les individus. Chacun a de perpétuelles occasions d'en ressentir les avantages ou les inconvénients. Quelle que soit notre condition, il n'y a pas de jour où elles ne soient pour nous une gêne ou une protection. Elles se mêlent intimement à toute notre existence. Ce sont des instruments dont nous sommes obligés constamment de nous servir, et nous exigeons qu'elles s'adaptent le mieux possible à l'usage que nous voulons en faire. Or, qu'attendons-nous d'elles avant tout, si ce n'est la garantie de nos biens et de notre vie ?

Une conception aussi réaliste de l'histoire mène le plus fréquemment au pessimisme. Tel n'est pas le cas de M. Fustel de Coulanges. Si le spectacle de la dépravation d'une société lui arrache par moments un cri de tristesse, presque toujours c'est vers l'optimisme qu'il incline. Il lui répugne d'imputer aux hommes des sentiments malhonnêtes et des passions viles. Il est convaincu qu'Auguste n'a mis aucune hypocrisie dans l'organisation du pouvoir impérial[1], que l'adulation n'a été pour rien dans l'apothéose des empereurs et que ce culte est né d'une explosion spontanée de reconnaissance[2], que les patriciens n'ont jamais formé le projet d'opprimer la plèbe[3], que les privilégiés sont peu soucieux de défendre leurs privilèges, qu'ils les subissent plutôt qu'ils ne les accaparent, et qu'ils s'empressent d'y renoncer dès qu'ils en ont la liberté[4]. Il doute que la force soit capable de créer ou de maintenir un régime quelconque. Si un gouvernement même très imparfait a une certaine durée, cela prouve qu'il est aimé des populations[5]. Si les Gaulois ont changé de mœurs, de religion, de

1. *La Gaule romaine*, p. 150.
2. *Ibid.*, p. 179.
3. *La Cité antique*, p. 343.
4. *La Gaule romaine*, p. 256.
5. *Ibid.*, p. 171.

langue, ce n'est pas par contrainte, c'est par goût et par intérêt. Ce parti pris d'indulgence est tel qu'en l'absence de tout renseignement précis sur la lourdeur des impôts vers la fin de l'Empire romain, il conjecture qu'ils devaient « être à la richesse publique de ce temps-là ce que les impôts d'aujourd'hui sont à la nôtre[1] ». Il n'a garde de passer sous silence les épouvantables fléaux qui accablèrent notre pays du IVe au IXe siècle; il accorde qu'il y eut alors de grandes iniquités et de grandes souffrances; il dit que le trait distinctif des quatre-vingts années qui suivirent Charlemagne, c'est que chacun tremblait journellement « pour sa moisson, pour son pain, pour sa chaumière, pour sa vie, pour sa femme et ses enfants », que l'âme se trouva alors en proie « à une terreur sans trêve ni merci », et que cette absence complète de sécurité engendra un immense « besoin d'être sauvé » par l'appui des seigneurs féodaux[2]. Malgré tout cependant, il semble qu'il atténue un peu trop la part de la violence

1. *L'Invasion germanique*, p. 54.
2. *Les Transformations de la royauté*, p. 683.

dans cette période de cinq siècles et qu'il exagère la régularité du développement de nos primitives institutions.

C'est qu'en effet, pour quelqu'un qui examine les choses de haut et dont la vue s'étend sur un long espace d'années, l'histoire offre l'aspect d'un fleuve tranquille dont les eaux poussées les unes par les autres descendent d'un mouvement irrésistible vers un but qu'elles ignorent, mais d'où elles ne dévient jamais. Quand on est mêlé de près aux événements, on s'imagine qu'on peut les modifier à son gré. Or il est bien rare que les contemporains soient en mesure même de comprendre la besogne qu'ils exécutent. Ce qui les frappe le plus d'ordinaire, c'est la surface et les apparences des faits; mais le fond reste hors de leur portée. Telle génération a cru travailler à l'établissement de la liberté, et c'est en réalité le despotisme qu'elle a préparé. Ces illusions ne sont point particulières à la foule; elles sont également partagées par les esprits d'élite. Combien d'hommes d'État ont déchaîné, à leur insu, des révolutions dont la seule pensée les eût révoltés!

Pour avoir la pleine intelligence d'une époque, il faut en être éloigné. « Les faits accomplis se présentent à nous avec une plus grande netteté que les faits en voie d'accomplissement; nous en voyons le commencement et la fin, la cause et les effets, les tenants et les aboutissants; nous y distinguons l'essentiel de l'accessoire; nous en saisissons la marche, la direction, et le vrai sens [1]. » On s'aperçoit alors que le jeu des volontés individuelles contribue médiocrement aux transformations politiques et sociales, que « les peuples ne sont pas gouvernés suivant qu'il leur plaît de l'être, mais suivant que l'ensemble de leurs idées et le fond de leurs opinions exigent qu'ils le soient [2] », que les grandes révolutions s'opèrent en vertu d'une nécessité naturelle [3], qu'un étroit rapport de causalité unit le passé au présent, bref, que le déterminisme est la vérité.

Nul n'a été un partisan plus sincère de cette

1. *Questions historiques*, p. XV.
2. *La Gaule romaine*, p. XII.
3. *Revue des Deux Mondes*, 1er août 1871.

doctrine que M. Fustel de Coulanges; nul n'a été plus désireux d'éliminer de l'histoire le hasard, le caprice, ou l'accident. Chez lui, les faits se déduisent les uns des autres avec une telle rigueur qu'on en arrive à se persuader qu'ils étaient inévitables. Ce n'était pas là toutefois son sentiment. Il ressort bien de tous ses écrits qu'il n'admettait en histoire l'action d'aucune force supérieure à l'humanité. Il était d'avis, par exemple, que, vu les circonstances, la féodalité devait tôt ou tard apparaître, mais que ces circonstances auraient pu ne pas se produire, et que dès lors la féodalité n'aurait point surgi. Elle était en germe dans la fidélité et dans le patronage, comme l'arbre est en germe dans le noyau que le cultivateur a semé; mais un germe ne fructifie que sous l'empire de certaines causes qui toutes sont contingentes.

Peut-être M. Fustel n'est-il pas allé assez loin dans cette voie. On a singulièrement abusé du « nez de Cléopâtre » et du « grain de sable de Cromwell »; encore faut-il prêter quelque attention à ce genre d'arguments. Je confesse que Brutus n'a pas empêché la fondation de l'empire romain; mais il a empêché César de le fonder, et il n'était pas indifférent que ce régime fût modelé par César ou par Auguste. Supposez qu'un coup de poignard eût tué Bonaparte le 18 brumaire; n'y a-t-il pas apparence que notre histoire en eût été changée? Si Louis XVI avait été plus ferme et plus intelligent, notre révolution aurait eu probablement une autre allure; or, où était la nécessité que Louis XVI fût exactement ce qu'il a été?

La nature de l'homme, surtout de l'homme de génie, a quelque chose qui se dérobe à l'analyse et qui déconcerte les prévisions. Qu'est-ce que le génie en politique? Pourquoi s'est-il rencontré un ministre tel que Richelieu pour gouverner la France sous Louis XIII et un roi tel que Frédéric II pour gouverner la Prusse au XVIIIe siècle? Toutes ces questions demeurent pour le moment très obscures. On essaie bien parfois d'y répondre; mais jusqu'ici ces tentatives ont été vaines, et il est clair que la naissance, l'éducation, le milieu ne suffisent pas pour nous donner la clef des talents de Richelieu ou des capacités militaires de Napoléon. Aussi, de guerre lasse, se décide-t-on le plus souvent à nier l'importance historique des individus, même de ceux qui ont une personnalité fortement accusée et qui paraissent avoir été de grands conducteurs de peuples. On prétend que ces hommes viennent et s'en vont toujours à leur heure, qu'ils ne sont que l'incarnation des millions d'âmes qui les entourent et qu'ils se contentent de traduire en actes les aspirations vagues des populations. Mais ces assertions ne sont que des postulats, non des vérités, et, tant qu'elles ne seront pas passées à l'état d'axiomes indiscutables, il faudra reconnaître qu'il y a des choses inexplicables en histoire.

C'est là le sort commun de toutes les sciences d'observation. Qu'il s'agisse de la vie, de la matière, des forces physiques, ou de l'âme humaine, nous nous heurtons perpétuellement au mystère. Un voile épais nous cache les causes premières des faits, et l'esprit le plus clairvoyant est impuissant à les découvrir. M. Fustel ne pouvait évidemment se flatter de l'avoir soulevé; mais cette pensée ne le plongeait ni dans le découragement ni dans le scepticisme. Il était de ceux pour qui la conviction qu'un problème est insoluble équivaut presque à la certitude de l'avoir résolu, et je suppose que son esprit, foncièrement hostile aux spéculations oiseuses, se détournait sans peine d'un objet qu'il jugeait impossible d'éclaircir.

CHAPITRE X

Études sur les questions sociales.

Les questions sociales eurent de tout temps pour M. Fustel de Coulanges un vif attrait. Comme il pensait que l'intérêt est le motif principal des actions humaines, que la protection des intérêts privés et des intérêts collectifs est l'objet essentiel de la société, que les querelles des partis, que les guerres internationales portent presque toujours sur des questions d'intérêts, il recommandait à l'historien d'examiner avant tout comment chaque peuple avait conçu et organisé la propriété, la justice et l'impôt, et c'est ce qu'il ne manquait pas de faire lui-même. A la Sorbonne, il choisit successivement pour sujets de cours la propriété foncière en Grèce, à Rome, et dans la Gaule franque. C'est encore cette institution qu'il décrivit avec un soin tout spécial dans son grand ouvrage, et, comme s'il eût estimé que le problème n'était jamais assez élucidé, il en reprit les parties les plus obscures dans une série de monographies détaillées.

Dans cet ordre d'idées, un des points qui le préoccupèrent le plus vers la fin de sa vie, ce fut de savoir quel avait été le mode habituel de propriété à l'origine des sociétés. On répète volontiers que les hommes ont partout commencé par le communisme et qu'ils ne sont arrivés à la propriété individuelle qu'avec une extrême lenteur. Cette opinion s'appuie sur deux sortes d'arguments. D'abord, on croit saisir la trace de l'indivision primitive du sol dans une foule d'usages qui se sont perpétués au milieu même de l'époque où l'indivision avait disparu. En outre, partant de ce postulat que les sauvages actuels reproduisent trait pour trait la manière de penser et de vivre des premiers hommes, on suppose que les ancêtres les plus lointains des peuples civilisés ont plus ou moins rapidement traversé une période de propriété collective, qui pour les peuplades stationnaires de l'Afrique et de l'Océanie dure encore aujourd'hui.

M. Fustel avait peine à entrer dans ces théories. Rien n'est plus téméraire à ses yeux que de projeter dans le passé de tous les peuples les mœurs et les coutumes de telle tribu arriérée ou dégradée de la Polynésie ou du Soudan. Est-on sûr d'ailleurs que les explorateurs modernes aient toujours été de bons observateurs? Ramasser à la hâte quelques renseignements vagues sur l'état des terres dans un pays dont on n'entend point la langue n'est peut-être pas le meilleur moyen de s'éclairer. C'est également pécher contre les règles les plus élémentaires de la méthode que de glaner chez quinze peuples divers quinze menus faits qui, interprétés d'une certaine façon, paraissent concordants, et d'édifier sur ce fragile échafaudage tout un système. « Vous apercevez des communautés de village dans l'Inde, dit M. Fustel; vous rencontrez quelque chose d'analogue dans le *mir* russe et dans les petits villages de Croatie; il vous semble à première vue que les *Allmenden* de la Suisse et de la Néerlande présentent les mêmes traits caractéristiques; vous rapprochez de tout cela deux lignes de César sur les Germains, une phrase de Diodore sur les îles Lipari, les fantaisies des poètes latins sur l'âge d'or. Vous avez ainsi accumulé un assez bon nombre d'indices, en mêlant les époques et en confondant les peuples. Est-ce assez de cela pour déduire une loi? La comparaison ne devrait venir qu'après une étude scrupuleuse et complète de chaque peuple. En histoire comme en toute science, l'analyse doit précéder la synthèse. Je voudrais que l'histoire du *mir* russe, celle du village hindou ou javanais, celle de la communauté agricole de Croatie, et même celle de la *mark* germanique fussent plus nettement connues qu'elles ne le sont, avant qu'on tirât du rapprochement de ces connaissances une conclusion générale. Je souhaiterais qu'une première génération de travailleurs s'appliquât séparément à chacun de ces objets et qu'on laissât à la génération suivante le soin de chercher la loi universelle qui se dégagera peut-être de ces études particulières [1]. »

Ce programme, il tâcha de l'exécuter lui-même en ce qui concerne les Grecs, les Gaulois et les Germains. Pour les premiers, il a rédigé un mémoire assez développé sur Sparte. Il choisit Sparte parce que c'est précisément « une des villes anciennes que l'on présente volontiers comme ayant pratiqué la communauté le plus longtemps ou en ayant au moins conservé des vestiges [2] ». On y a rattaché après coup deux fragments inédits, dont l'un sur la Grèce en général et l'autre sur Athènes. Ce ne sont là évidemment que des ébauches, parfois un peu sommaires, mais dignes pourtant d'être livrées au public. Pour les Gaulois, il écrivit seulement une dizaine de pages contre une théorie de M. d'Arbois de Jubainville [3]. Il s'étendit beaucoup plus sur les Germains.

1. *Nouvelles recherches*, p. 4 et 5.

2. *Étude sur la propriété à Sparte*, p. 3. La phrase que je cite a été supprimée lors de la réimpression de ce mémoire dans les *Nouvelles recherches*.

3. *Questions historiques*, p. 104 et suiv.

Nous avons de lui un travail sur la propriété germanique [1], une exposition dogmatique et une discussion critique sur la *Marche* [2], enfin un article sur le titre de la loi salique *De migrantibus* [3], sans compter les chapitres qui traitent du même sujet dans l'*Histoire des institutions*.

La question des origines de la propriété foncière a été embrouillée comme à plaisir par les érudits qui l'ont abordée.

Pour dissiper tout malentendu, M. Fustel commence par définir les termes du problème. Il ne s'agit pas de savoir si dans les temps tout à fait primitifs l'homme a adopté le régime de l'indivision ou celui de la propriété privée. On peut très bien admettre que l'idée de la propriété est naturelle à l'homme sans aller jusqu'à prétendre que la terre a toujours été un objet de propriété. Il est clair que chez les nomades l'appropriation du sol est à peu près impossible; il n'y a de possible en pareil cas que l'occupation temporaire des pâturages par

1. *Problèmes d'histoire*, p. 107-315.
2. *Ibid.*, p. 319-356; *Questions historiques*, p. 21-64.
3. *Nouvelles recherches*, p. 327-360.

les tribus en marche. La propriété véritable ne se comprend que dans une société sédentaire et agricole. Les hommes sont probablement demeurés étrangers à cette institution tant qu'ils ont été réduits à la condition de pasteurs et de chasseurs. Il a dû par conséquent s'écouler à l'aurore de l'humanité une période de plusieurs siècles peut-être, où nul n'avait la pensée de revendiquer la possession exclusive d'une parcelle quelconque de terrain.

Mais les partisans de la thèse communiste vont beaucoup plus loin. Ils ne se bornent pas à dire que « dans l'état sauvage la propriété foncière n'existait pas ». Ils ajoutent que même des sociétés agricoles, même des peuples organisés, ont vécu sous le régime de la communauté. « Ces hommes qui labouraient, semaient, moissonnaient, plantaient, n'ont pas songé de longtemps à s'approprier le sol qu'ils travaillaient. Ils n'ont conçu le sol que comme appartenant à tous. C'est chaque peuple qui a été d'abord propriétaire du territoire entier[1]. »

1. *Questions historiques*, p. 19.

Voilà au fond le vrai sujet, et voilà aussi la doctrine que M. Fustel répudie.

Il semble que rien ne soit plus aisé que de distinguer la propriété collective et la propriété privée. Mais les historiens s'y sont plus d'une fois trompés. Il est donc essentiel d'écarter au préalable toute cause d'équivoque.

Dans le régime de l'indivision, la terre est la propriété collective « de tout le peuple, de toute la tribu ou de tout le village ». Alors, « de deux choses l'une : ou bien elle est cultivée en commun, ou bien elle est partagée chaque année par ce peuple, ou cette tribu, ou ce village ». L'individu n'exerce sur son champ qu'un droit de culture et de jouissance. « Il ne peut ni vendre, ni faire donation, ni laisser à ses enfants ; nul n'hérite et il n'y a pas de testament. »

Quant à la propriété privée, elle est susceptible de revêtir deux formes différentes. — Si elle est purement individuelle, « non seulement l'homme possède le même champ toute sa vie ; mais encore il peut le vendre, il peut le donner, il le laisse à ses enfants ou le lègue à qui il veut ». Si elle a le caractère familial, ce n'est pas l'individu qui la possède, c'est la famille, la famille présente et la famille future. On la reconnaît à ce triple signe, qu'elle est héréditaire, qu'elle ne passe pas aux femmes, lorsque celles-ci émigrent par le mariage dans une autre famille, que la vente et le testament sont prohibés ou du moins subordonnés à des restrictions qui les rendent fort rares.

C'est ce dernier genre de propriété que M. Fustel place au début des sociétés.

En Grèce, le fait est tellement avéré qu'on n'a, pour en fournir les preuves, que l'embarras du choix.

Sur les Gaulois, il n'ose se prononcer. Il croit, d'après le témoignage de César, que la propriété privée dominait parmi eux au moment de la conquête, mais il ignore si c'était la propriété familiale ou la propriété individuelle[1].

Il est beaucoup plus explicite sur les Germains. L'examen minutieux du livre de Tacite

1. *Questions historiques*, p. 106.

atteste, dit-il, que leur droit successoral « tend à tenir les biens, au moins les biens principaux, toujours attachés à la famille ». Ces biens, notamment la terre, sont assujettis aux trois règles qui accompagnent partout la propriété familiale : l'hérédité, l'absence de testament et l'exclusion des femmes[1].

N'ayant pas étudié de près les autres peuples, il évitait généralement d'en parler. Néanmoins quelques remarques éparses marquent qu'il inclinait à leur attribuer à tous un système primitif de propriété identique à celui des Grecs et des Romains. Ces communautés de village que Sumner Maine a observées dans l'Inde datent pour M. Fustel des siècles lointains où prévalait l'indivision de la famille. Sans doute, « le village n'est plus aujourd'hui qu'une famille fictive; mais il a été longtemps une vraie famille; ausssi garde-t-il la règle antique qui était que la propriété appartînt à la famille et non pas à l'individu[2] ». Il étend la même remarque à la Bosnie, à la Croatie, à la

1. *Problèmes d'histoire*, p. 247.
2. *Nouvelles recherches*, p. 32-33.

Serbie, et il ne faudrait pas trop le presser pour lui arracher une proposition pareille sur les Yoloffs d'Afrique et les Caraïbes d'Amérique [1].

Ce n'est pas tout : cette propriété familiale, d'où vient-elle et quels en sont les titres? Comment telle famille déterminée a-t-elle réussi à accaparer pour toujours telle portion du territoire, et pourquoi cette mainmise sur le sol a-t-elle été respectée par les groupes voisins? M. Fustel n'a tenté de répondre à la difficulté que pour la Grèce. Déjà dans la *Cité antique* il avait dit que les Grecs faisaient dériver de la religion domestique le droit de propriété foncière. Dans un travail bien postérieur, il a reproduit mot pour mot la même assertion. Du moment que les ancêtres défunts réclamaient un tombeau inviolable et constamment accessible à leur descendance, il fallait que la famille eût à perpétuité la possession du tertre qui le recouvrait et de ses alentours [2]. C'est de cette nécessité que naquirent en

1. *Questions historiques*, p. 92.
2. *Nouvelles recherches*, p. 15-20.

Grèce les premières propriétés immobilières. Le silence des documents l'a empêché de vérifier si cette idée avait été commune à tous les peuples, et il se défend à cet égard de toute conjecture arbitraire.

Il n'est affirmatif que sur un point : nulle part, d'après lui, le droit de propriété n'a été une création de la loi. La propriété n'est pas une de ces institutions que le caprice des hommes peut à son gré établir ou supprimer; elle est « antérieure à la cité et contemporaine de la famille ». Dès qu'il y a eu des familles organisées d'agriculteurs, il y a eu des domaines distincts et héréditaires. Même quand le droit de propriété a été introduit dans une contrée par la volonté du corps social, c'est à une source plus haute qu'on s'est immédiatement efforcé de le rapporter. Ainsi les Grecs prétendaient que les lots avaient été assignés aux diverses familles par le tirage au sort, organe des dieux. Les Hébreux racontaient que chez eux l'Éternel avait procédé en personne à la répartition. Les Étrusques s'imaginaient que Jupiter, possesseur de toutes les terres, avait « délégué à l'homme sa propriété sur le sol[1] ». L'homme, en un mot, est si désireux de fonder la propriété sur des assises inébranlables qu'il lui prête une origine divine, pour mieux la garantir contre toute entreprise humaine.

M. Fustel déclare que dans toutes ces discussions il n'est guidé que par l'amour de la science. Il aime de répéter que, s'il combat avec tant d'énergie les allégations de Maurer, de Lamprecht, de Laveleye, de M. Viollet, c'est afin de mettre en saillie les défauts d'une certaine école historique. La théorie communiste lui paraît en elle-même peu dangereuse; elle sera incapable, dit-il, de modifier la marche de l'humanité, et il n'y a pas lieu de s'en alarmer. Le régime de la propriété dépend de « l'ensemble de l'organisme social ». Le meilleur pour un peuple n'est point celui qui satisfait le plus la raison abstraite, mais celui qui s'adapte le mieux à ses mœurs et à ses besoins. C'est à ce dernier que les hommes vont de préférence; en réalité même ils ne sont jamais appelés à

1. *La Cité antique*, p. 69; *Nouvelles recherches*, p. 26-27.

choisir; ils se contentent de pratiquer le système que les traditions du passé et les nécessités du présent leur fournissent[1]. On aura beau par suite prôner les mérites intrinsèques du socialisme et même s'acharner à lui découvrir de faux antécédents historiques; ces dithyrambes et ces erreurs ne produiront aucun effet réel. Ce qui est autrement grave, c'est la fâcheuse déviation qu'impriment à la méthode des recherches légèrement conduites. Voilà le grand mal qui effrayait M. Fustel de Coulanges. Au milieu des inquiétudes que provoque parmi nous la diffusion des idées socialistes, son unique soin, chaque fois que son attention se portait sur une thèse favorable aux doctrines de ce parti, était d'apprécier si les auteurs de la thèse s'étaient conformés aux exigences de la science, et tout son chagrin venait de ce qu'ils avaient manqué à ce devoir.

Cette sérénité d'esprit, si étrange au premier abord, a pourtant sa raison d'être. La certitude historique lui procurait cette sorte de paix inté-

1. *Problèmes d'histoire*, p. 248; *Questions historiques*, p. 117

rieure qu'engendre la foi religieuse. Il avait sur les questions sociales des idées invariables qui l'affranchissaient de tout souci. Une longue habitude de l'histoire l'avait convaincu que le régime de la propriété privée, loin d'être une institution contre nature, découlait d'un des sentiments les plus vivaces de l'homme, et qu'il ne s'était pas rencontré jusqu'ici un seul exemple d'un peuple stable et agricole s'immobilisant dans l'indivision [1]. Cela suffisait pour le rassurer pleinement. Il voyait en outre qu'il n'était pas au pouvoir du législateur même le plus ingénieux et le plus puissant de façonner à son gré l'humanité ; qu'à Sparte, par exemple, plus la loi s'était évertuée à maintenir l'égalité, plus l'inégalité avait grandi [2], et il en concluait que toute tentative d'un parti quelconque pour violenter la nature humaine et la plier à ses utopies aboutirait fatalement à un piteux échec. Il assistait donc, sinon avec indifférence, du moins avec sécurité, aux furieux

1. « L'histoire tout entière se dresse contre les fantaisies socialistes. » (Lettre du 8 février 1884 à M. E. Belot.)
2. *Nouvelles recherches*, p. 118.

assauts du socialisme contre le droit de propriété, parce que ce droit a été depuis un temps immémorial la pierre angulaire des sociétés et que tous les peuples sortis de l'état sauvage l'ont jugé indispensable à leur existence.

CHAPITRE XI

Fustel de Coulanges écrivain.

Quelques amis de M. Fustel de Coulanges ayant prononcé son nom pour une candidature à l'Académie française[1], il écrivit à M. Boissier le 28 juin 1881 :

« Soyez sûr que je n'ai pas encore cette ambition. Je sais autant que personne que mes deux maigres volumes ne sont pas des titres suffisants. Je n'irai pas au-devant d'un échec

1. Il était déjà membre de l'Académie des sciences morales où il avait remplacé Guizot le 15 mai 1875. Il m'écrivait à propos de cette élection : « Vous n'ignorez sans doute pas que je la dois pour la plus grande partie à M. Bersot; c'est lui qui m'a pris par la main et qui m'a ouvert la porte. Par moi-même, j'étais bien incapable de faire toutes les démarches nécessaires et de mener à bien cette affaire. » (Lettre du 21 mai 1875.)

certain et mérité. Quand j'aurai publié mes recherches sur la féodalité, si je les publie jamais, je verrai si je puis me mettre sur les rangs. Encore ne devrai-je jamais oublier que je suis un pur savant en *us*, un simple piocheur de textes. Je me rends bien compte de tout ce qu'il me manque pour être jamais un écrivain. »

Ce langage était véritablement trop modeste ; car, comme l'a dit M. Albert Sorel, « aucun écrivain d'histoire n'est supérieur à M. Fustel ». A cet égard pourtant, il n'est pas toujours demeuré identique à lui-même, et il est facile de noter plus que des nuances entre ses différents ouvrages.

Si l'on en juge par sa thèse de doctorat sur Polybe, il subit dans le principe l'influence de Montesquieu. Presque à chaque page, on y sent l'imitation directe du modèle. Le style est limpide, sobre et précis, mais, par contre, un peu grêle et un peu haché. On y voudrait plus de naturel et d'aisance. Il est raide, tendu, sentencieux, et l'apprêt y est trop visible. La pensée, forte et pleine, semble gênée par le vêtement rigide qui l'emprisonne. Dans le mémoire sur Chio, antérieur de deux années, il y avait peut-être moins de vigueur, mais en revanche plus d'ampleur et d'abandon.

La *Cité antique* montra bientôt M. Fustel en possession de toute son originalité. Nous ne sommes plus ici en présence d'un débutant qui tâtonne et cherche sa voie. L'auteur est passé maître à son tour, et il peut lui-même servir de guide. Tout a été dit sur la valeur littéraire de ce petit chef-d'œuvre qui durera « autant que la langue française [1]. » On a loué dignement « ce style d'une trame nerveuse et polie à la fois, cette propriété de l'expression qui est comme la couleur naturelle et la vie des mots, la fermeté de cette phrase qui a la cohérence, la transparence et les arêtes aiguës du cristal [2] ». Il semble que les Grecs et les Romains, avec lesquels M. Fustel entretint un si long commerce, lui aient légué leurs qua-

1. L'expression est de M. Monod (*Revue des questions historiques*, 1er avril 1887).

2. Albert Sorel, *Notice sur les travaux de M. Fustel de Coulanges*, p. 41 (Extrait du *Compte rendu des séances de l'Académie des sciences morales*).

lités de mesure et de simplicité, de netteté et de rigueur. Au reste il n'avait eu nullement le dessein de faire acte de littérateur dans ce livre rapidement rédigé en six mois. Rien n'y trahit le souci de bien dire. On n'y trouve ni développements brillants, ni morceaux à effet, ni fleurs de rhétorique. C'est d'un bout à l'autre le langage du savant, adouci par une sorte d'élégance discrète qui répand partout la fraîcheur et le charme.

Le procédé de M. Fustel rappelle celui de l'école réaliste. Loin de se jeter perpétuellement en scène et de détourner sur lui-même l'attention du lecteur, il s'efface derrière les documents, et c'est à eux qu'il laisse la parole. Il ne demande rien à l'imagination ni à la sensibilité; son unique ambition est de bien voir et de rapporter fidèlement ce qu'il voit. Dans ses peintures, il ne vise qu'à la ressemblance, et ne poursuit que l'exactitude. Mais, de même que l'énumération toute nue des détails d'un événement finit souvent par exciter en nous une émotion pareille à celles des hommes qui en furent témoins, de même M. Fustel, par la simple analyse des conceptions religieuses et morales des anciens, en arrive à nous détacher complètement du présent, et à nous faire sur le moment une âme toute grecque et toute romaine. A travers chacune de ses phrases d'apparence si correcte et si impassible vit et palpite l'humanité. Quelques textes mis bout à bout suffisent pour évoquer des millions d'êtres humains avec tout le cortège des idées et des passions variables qui les agitaient, et ce spectacle, malgré tout ce qu'il a d'étrange pour nous, nous offre autant d'intérêt qu'une étude de mœurs contemporaines.

Il est encore un trait qui distingue la *Cité antique*. Le champ que parcourait M. Fustel ayant été à peu près inexploré jusqu'à lui, il n'apercevait sur sa route ni adversaires à combattre, ni théories à réfuter. Rien n'y entravait sa marche. Il n'avait pas besoin de s'arrêter à chaque pas pour écarter un obstacle imprévu et pour se frayer péniblement un chemin au milieu d'une foule d'opinions erronées et de systèmes encombrants. De là cette allure régulière et assurée, de là cette exposition calme et sereine, où n'apparaît jamais la moindre trace d'irritation ou d'impatience. A mesure qu'on avance, on se sent enveloppé d'une lumière douce qui éclaire sans éblouir, qui donne à tous les objets leur relief, sans en altérer les proportions. C'est vraiment le ciel de la Grèce qui se déroule ainsi devant les yeux. Si l'atticisme est l'union de la sobriété et de la grâce, nul doute que ce terme ne convienne admirablement à ce livre exquis où pas un mot n'est à ajouter ni à retrancher, et où se combinent, avec un art d'autant plus merveilleux qu'il est inconscient, la sévérité du style scientifique et l'agrément du langage de la poésie.

M. Fustel de Coulanges n'était certes pas dédaigneux de la forme; il déclare même que les qualités du style sont un des éléments du talent de l'historien. Mais la forme n'était pour lui que le vêtement et non pas la parure de la pensée. Il a eu rarement l'occasion de s'expliquer sur ce point; mais chaque fois qu'il est revenu là-dessus, ç'a été pour répéter que si l'on écrit mal, cela prouve qu'on pense mal; il va jusqu'à soutenir qu'il est difficile qu'une manière d'écrire affectée et déclamatoire se concilie « avec la sincérité des recherches et la droiture du jugement [1] ».

Dans une lettre dont j'ai déjà cité un fragment [2], il dit à propos d'un de ses contradicteurs : « Par quel motif ne me pardonne-t-il pas d'écrire en un français simple et clair? M. X... n'a aucun intérêt à prétendre que, pour être érudit, il faille nécessairement être un esprit confus. La clarté, tout au contraire, ne jaillit que de la masse énorme des observations ; on ne l'obtient que par une étude longue et sincère des textes. M. X... saura peut-être cela quelque jour, et je le lui souhaite. Il me reproche ce qu'il appelle une forme littéraire. Mais il ne songe pas qu'il peut lui arriver à lui-même, si un jour il saisit une vérité et qu'il la possède pleinement dans toutes ses parties, d'avoir, sans le vouloir, une forme littéraire. Ce jour-là peut-être, un plus jeune que lui le qualifiera

1. *Compte rendu des séances de l'Académie des sciences morales*, t. CIV, p. 420.
2. Voir ci-dessus, p. 149.

d'ignorant et d'artiste. Juste retour, monsieur, des choses d'ici-bas! »

Il a porté sur Buffon une appréciation où se reflètent ses idées sur l'art d'écrire. « On l'a accusé, dit-il, d'avoir du style. C'est une chose singulière que dans ce pays, qui est si sensible au mérite de la forme, ce soit pourtant une mauvaise fortune, pour un homme de science et d'érudition, de savoir écrire. Puisqu'il sait écrire, on en conclut qu'il n'est pas savant; puisqu'il donne quelque attention à la manière d'exprimer ses pensées, on en conclut qu'il ne donne aucune attention aux faits et à ce qui constitue la science. » Il n'a pas de peine à établir que Buffon a été à la fois un savant et un écrivain de premier ordre, qu'on a tort de lui imputer une préférence invincible pour la majesté et la pompe, et que c'est seulement dans quelques passages isolés qu'il encourt ce reproche. « Qu'on remette ces pages à leur place, qu'on le lise d'un bout à l'autre ou au moins par grands morceaux, et l'on reconnaîtra que son style est uni, simple, grave, un peu fier, mais très éloigné de la déclamation et de l'emphase ; c'est le style d'un homme qui, s'il pense au style, pense encore bien plus à la vérité [1]. »

M. Fustel de Coulanges, en parlant ainsi de Buffon, songeait évidemment à lui-même. Lui aussi tâchait d'écrire le mieux possible, mais à condition que la science n'en souffrît pas. La forme, d'après lui, doit être l'humble servante du fond. Au lieu de se superposer au fond et de le dominer, elle doit s'assujettir à lui et s'employer exclusivement à le faire valoir, ou plutôt à le mettre dans tout son jour. Le style ne doit être que l'interprète et le traducteur de la pensée de l'historien. Il faut éviter que les mots altèrent en rien cette pensée, et ils l'altèrent s'ils y ajoutent quoi que ce soit. En réalité il n'y a qu'une façon d'exprimer une vérité historique, comme il n'y a qu'une façon d'énoncer un théorème de géométrie ou une loi physique. Tout le travail de l'historien consiste à trouver cette expression nécessaire de la vérité qu'il a dans l'esprit, et il y réussit

1. *Compte rendu de l'Acad.*, t. CX, p. 916-917.

aisément s'il en a déjà une vue nette et précise.

Les qualités de la *Cité antique* passèrent, pour la plupart, dans les volumes qui traitent des *Institutions de la France*. C'est toujours cette langue robuste et saine [1], d'une pureté

1. En voici un spécimen inédit : « Si l'on se représente tout un peuple s'occupant de politique, et, depuis le premier jusqu'au dernier, depuis le plus éclairé jusqu'au plus ignorant, depuis le plus intéressé au maintien de l'état actuel jusqu'au plus intéressé à son renversement, possédé de la manie de discuter sur les affaires publiques et de mettre la main au gouvernement; si l'on observe les effets que cette maladie produit dans l'existence de milliers d'êtres humains; si l'on calcule le trouble qu'elle apporte dans chaque vie, les idées fausses qu'elle met dans une foule d'esprits, les sentiments pervers et les passions haineuses qu'elle met dans une foule d'âmes; si l'on compte le temps enlevé au travail, les discussions, les pertes de force, la ruine des amitiés ou la création d'amitiés factices et d'affections qui ne sont que haineuses, les délations, la destruction de la loyauté, de la sécurité, de la politesse même, l'introduction du mauvais goût dans le langage, dans le style, dans l'art, la division irrémédiable de la société, la défiance, l'indiscipline, l'énervement et la faiblesse d'un peuple, les défaites qui en sont l'inévitable conséquence, la disparition du vrai patriotisme et même du vrai courage, les fautes qu'il faut que chaque parti commette tour à tour, à mesure qu'il arrive au pouvoir dans des conditions toujours les mêmes, les désastres, et le prix dont il faut les payer; si l'on calcule tout cela, on ne peut manquer de se dire que cette sorte de maladie est la plus funeste et la plus dangereuse épidémie qui puisse s'abattre sur un peuple, qu'il n'y en a pas qui porte de plus cruelles atteintes à la vie privée et à la vie publique, à l'existence matérielle et à l'existence morale, à la conscience et à l'intelligence, et qu'en un mot il n'y

toute classique et d'une rigueur mathématique, ces développements drus et compacts, ces déductions serrées qui commandent la conviction, cet art de rendre tout clair et tout intelligible, ce don d'intéresser aux questions les plus arides d'une époque si lointaine, tous les mérites enfin qui assurent à ces deux ouvrages un rang privilégié parmi les modèles du genre. Mais dans le second il y a quelque chose de plus et quelque chose de moins. Ce n'est plus ici une exposition dogmatique présentée par un homme sûr de lui et sûr de ce qu'il dit; c'est une discussion critique où se manifestent simultanément l'ardeur militante du savant qui lutte contre l'erreur et l'inquiétude que lui cause la crainte de n'en pas triompher. Dans ce domaine nouveau une foule d'historiens avaient précédé M. Fustel, et il en était qui l'y considéraient comme un intrus. Cette circonstance l'obligea à changer de ton et de langage, surtout quand il aborda la période mérovingienne. L'érudition, qui jadis se dissimulait, enfla déme-

eut jamais de despotisme au monde qui pût faire autant de mal. »

surément les notes et déborda souvent au delà. Il y eut des pages entières consacrées à des définitions de mots, à des énumérations de noms propres, à de menues remarques de détail. Le style garda sa correction, sa tenue, sa distinction ordinaire; mais il perdit en grande partie son unité. On vit côte à côte des chapitres tout à fait disparates : l'un était un aperçu général où se pressaient les vues d'ensemble; l'autre était une dissertation en règle ou une analyse de textes; un troisième était un simple article de polémique. Sans doute un lien solide réunissait tous les morceaux; mais l'équilibre et l'harmonie avaient disparu.

Si utile qu'ait été pour le progrès des études historiques cette dérogation à la manière primitive de M. Fustel, il faut avouer qu'en un certain sens elle a été fâcheuse. Ces six volumes sont aussi bien écrits que la *Cité antique*; mais l'énorme appareil de documents qu'il traîne avec lui et dont il ne veut à aucun prix se débarrasser, alourdit son allure et retarde sa marche. L'art en souffre, si la science y gagne; mais aux yeux de M. Fustel, qu'étaient les intérêts de l'art en comparaison des intérêts de la science? Plus il allait, plus il s'affranchissait de toute préoccupation littéraire. C'est au point que dans ses dernières années il était devenu à peu près indifférent à la forme. A ce moment d'ailleurs, il était tellement maître de son style qu'une fois ses recherches terminées il était capable de rédiger tout un volume au courant de la plume, sans cependant laisser échapper aucune négligence ni aucune impropriété de termes.

Le système inauguré dans l'*Histoire des institutions* risquait d'engendrer la froideur et l'ennui; mais ce danger fut conjuré par la passion latente qui anime tout l'ouvrage. Dans tous ces chapitres circule une chaleur sans cesse alimentée par les difficultés mêmes du sujet. Cette « lutte d'une intelligence contre un problème [1] » échauffe celui qui la soutient et, par contagion, le lecteur qui en suit les péripéties, alors surtout que le lutteur y déploie tout ce qu'il a de force et d'adresse. Même quand il ne nomme

1. L'expression est de M. Fustel.

personne, on devine qu'il a quelqu'un en vue et qu'il ne s'escrime pas contre des ombres. Il apporte dans le combat une vaillance si intrépide, une si grande fertilité de ressources, une telle impatience de vaincre, qu'on se prend à souhaiter son succès, et qu'à la fin lorsqu'il croit avoir terrassé son adversaire, on est prêt à partager sa satisfaction. Le plaisir esthétique que cause l'*Histoire des institutions* est d'un tout autre ordre que celui qui naît de la *Cité antique*; mais en somme il n'est pas moins puissant. On avait été séduit ici par le calme et la paix sereine de l'œuvre; là, on est soulevé et enlevé par le souffle irrésistible qui pousse l'auteur à la conquête de la vérité, et on en éprouve comme une jouissance personnelle.

M. Fustel avait longtemps enfermé en lui un polémiste qui peut-être s'ignorait et qui n'attendait qu'une occasion pour éclater. Cette occasion s'offrit, lorsque assailli de tous côtés par la critique il fut forcé de riposter et de passer à l'offensive. A vrai dire, quiconque avait lu de près la *Cité antique* pouvait soupçonner qu'il saurait, le cas échéant, montrer bec et ongles; aussi n'y eut-il pas lieu de s'étonner quand on le vit se hérisser au contact de l'ennemi et frapper hardiment à droite et à gauche. Ce ne furent pas des polémiques à fleur de peau propres à amuser seulement la galerie. Sauf l'invective, la grossièreté et la mauvaise foi, M. Fustel se servit avec une égale supériorité de toutes les armes usitées en pareil cas, même de l'ironie. Son argumentation, souvent acerbe, toujours alerte, brève et incisive, pénétrait comme un trait acéré jusqu'au cœur et y faisait de profondes blessures. Ses jugements étaient durs, sévères et, dans sa pensée du moins, irrévocables. A part quelques rares exceptions, la sentence tombait d'un poids très lourd sur la tête de l'inculpé, et si ce dernier prétendait en appeler, son audace paraissait presque une impertinence. Aucun amour-propre n'était ménagé, ni aucune situation respectée. Quand M. Fustel protestait de ses sympathies pour l'homme avec qui il se trouvait en discussion, il était parfaitement sincère. Il laissait les personnes en dehors du débat, et ne mettait en cause que les théories.

Il n'avait souci, comme il le proclame lui-même, que de « l'exactitude historique » [1] et c'est justement pour ce motif qu'il montrait une âpreté si extraordinaire, la vérité étant une de ces choses qui ont droit à tous les dévouements et à tous les sacrifices.

1. Réponse à M. Monod dans la *Revue des questions historiques*, 1er avril 1887.

CHAPITRE XII

Les dernières années (1880-1889).

Quand la mort de M. Bersot laissa vacante la direction de l'École normale, on fut très embarrassé pour lui découvrir un successeur. Quelques candidats se mirent ou furent mis en avant; mais les uns se dérobèrent, les autres furent écartés, et finalement on s'adressa à M. Fustel. Il en fut lui-même tout étonné, et son premier mouvement fut de refuser une fonction pour laquelle il ne se sentait aucun goût [1]. Mais on insista tellement auprès de lui

1. En 1878, on avait eu l'idée assez bizarre de lui offrir un rectorat de province. « Je me suis bien gardé d'accepter », m'écrivait-il. Il frémissait à la pensée d'avoir à « manier des préfets, des maires, des conseils municipaux, des proviseurs ». « Rien, ajoutait-il, ne vaut l'École, j'entends une conférence, non la direction. »

qu'à la longue il céda. Sa nomination parut le 17 février 1880. « Vous savez mieux que personne, me disait-il, quel sacrifice je fais. Je renonce au calme et à l'égoïsme de la vie. Il est vrai que je dois tant à l'École que je puis bien lui donner quelques années; c'est à peine si je m'acquitterai. »

Dès le début, il annonça qu'il la dirigerait comme M. Bersot; en réalité il la dirigea d'une façon un peu différente. M. Bersot s'efforçait d'agir sur l'âme autant que sur l'esprit des élèves; il causait volontiers avec nous de politique, de religion, de musique; il s'intéressait à notre vie privée, à nos familles, et il ne lui déplaisait pas de recevoir la confidence de nos pensées les plus intimes. M. Fustel ne voyait à l'École que des intelligences à former; mais, si sa tâche était plus restreinte, il la remplissait en conscience. Il apportait un soin scrupuleux dans le choix des nouveaux maîtres de conférences, n'ayant jamais égard qu'au mérite et non à la personne. Il lisait presque tous les travaux des élèves; il aimait à avoir des conversations fréquentes avec eux, même avec les

« scientifiques », à deviner leur tour d'esprit, à se faire sur eux une opinion réfléchie. Il repoussait énergiquement l'avis de ceux qui prétendaient réduire le rôle de l'École normale à fabriquer tous les ans une quarantaine de professeurs pour les lycées. Il voulait qu'elle fût une maison de haute culture, un foyer de « fortes et libres études »[1].

C'était une de ses idées favorites que les institutions humaines doivent se modifier peu à peu sous l'action des événements, et non en vertu du caprice d'un individu. Il appliquait

1. M. Fustel ne se préoccupait pas seulement des élèves actuels de l'École; il songeait aussi aux élèves futurs. Dans un rapport officiel du 17 novembre 1880, il dit qu'il est très attentif « à la manière dont les aspirants se préparent au concours de l'année prochaine », et il propose au ministre la réforme suivante. « Il vous appartiendra de voir s'il ne conviendrait pas de créer, comme couronnement des études littéraires, une classe que l'on pourrait appeller *rhétorique supérieure* ou plutôt *philosophie supérieure*. On y achèverait l'étude des trois littératures classiques, du grec surtout, et du français du moyen âge; on y étudierait les antiquités grecques et romaines, et les institutions de la France; on prendrait quelques notions du droit, de l'économie politique, de la diplomatie. Les exercices et les travaux seraient de telle nature que les élèves apprendraient à parler avec goût. Cette classe préparerait, non plus au baccalauréat, mais à l'École de droit, à l'École des chartes, aux carrières administratives. Je souhaiterais qu'elle n'existât que dans trois lycées de Paris et dans quatre ou cinq lycées de province. »

ce principe à l'École comme à tout le reste. Dans la notice qu'il lui a consacrée [1], il constate qu'elle a toujours suivi la même voie et que les administrations les plus tyranniques n'ont jamais pu l'asservir à leurs desseins particuliers. « Les gouvernements ont changé sans qu'elle changeât, ou plutôt elle n'a changé que par un progrès spontané et naturel. » Très vivace à travers tous les régimes, très indépendante d'esprit, très obstinée au travail, elle s'est créé sa méthode philosophique, « éloignée des chimères et un peu rebelle aux systèmes », sa méthode historique, « aussi contraire aux généralités vagues qu'aux minuties », même son style, « dont la marque est la simplicité, et qui ne souffre ni le déclamatoire, ni le vulgaire ».

M. Fustel aimait tout en elle, à commencer par l'internat, qui est, pensait-il, « une grande force quand on le comprend non comme moyen de compression, mais comme moyen

1. En m'envoyant cette brochure, M. Fustel m'écrivait : « Vous y sentirez quelques-unes des idées qui m'ont guidé pendant mon passage à l'École. »

de développement des esprits et des caractères ». Il voulait qu'on en respectât l'organisation dans ses traits essentiels, qu'on se défendît surtout de toucher à ce qui en fait « la vitalité », c'est-à-dire à la conférence. Il l'a plus d'une fois comparée à un *séminaire* allemand, ou mieux à un faisceau de séminaires qui, au lieu d'être juxtaposés et isolés, « se pénétreraient incessamment ». « L'élève qui fait partie de l'un d'eux, écrivait-il en 1884, ne peut pas rester étranger à ce qui se passe dans les autres. Il n'est pas permis, par exemple, à l'élève de philosophie de se tenir tout à fait en dehors des études historiques, ni au naturaliste de n'être pas un peu mathématicien et chimiste. La spécialité hâtive est heureusement interdite à l'École normale. »

Comme il était convaincu qu'elle fonctionnait bien, il n'était guère enclin à innover [1].

1. « Tout le monde sait au ministère que si l'on faisait quelque chose que je jugerais contraire aux intérêts de l'École, comme l'introduction d'un mauvais maître, l'augmentation démesurée de nos élèves, ou quelque modification funeste dans nos études, je donnerais ma démission. Aussi ne touche-t-on à rien dans l'École, et ce n'est pas la bonne volonté qui manque. Songez que l'Université entière

Ainsi, quand la licence ès lettres fut scindée, il se refusa à diviser la première année en autant de sections qu'il y avait de licences nouvelles ; les élèves continuèrent d'avoir un cours d'études commun et de se présenter tous à l'ancienne licence littéraire. Toutefois l'esprit de tradition ne se confondait pas chez lui avec l'esprit de routine. Qu'un grave intérêt scientifique lui parût être en jeu, il était aussitôt capable des résolutions les plus hardies. Par une anomalie singulière, il manquait encore à l'École un *séminaire* de sciences naturelles ; M. Fustel le lui procura, non sans peine. Vigoureusement combattu par le Muséum, mollement soutenu par quelques-uns de ceux qui auraient dû le seconder, il rencontra devant lui des obstacles de tout genre ; mais il eut le bonheur d'en triompher [1].

Sauf cette grosse réforme, l'École, sous sa direction, vécut au jour le jour et prospéra

est en ce moment sens dessus dessous, l'École exceptée. » (Lettre du 30 janvier 1881.)

1. Voir, dans le volume du Centenaire, la notice de M. Houssay sur les *Débuts de la section des sciences naturelles*.

paisiblement. Il avait fallu raffermir la discipline, qui avait légèrement faibli pendant la longue maladie de M. Bersot; mais on ménagea les transitions, et il n'en résulta aucun trouble.

Quand l'aumônier fut supprimé par les Chambres, quelques têtes s'échauffèrent, et il y eut des discussions passionnées entre ces jeunes gens; M. Fustel eut l'air de ne pas s'en apercevoir. Mais lorsque l'abbé Bernard, qui avait été transféré de l'École à la cure de Saint-Jacques, vint le prier de laisser les catholiques sortir le dimanche avant l'heure ordinaire, pour leur permettre d'assister à sa messe, il refusa net, en lui objectant que les élèves avaient largement le temps, entre huit heures et midi, d'accomplir leurs devoirs religieux, que le règlement devait être le même pour tous, et que le directeur ne pouvait l'adapter à des convenances individuelles, qu'il était censé ignorer. M. Bernard eut beau lui reprocher « d'opprimer les consciences »; M. Fustel ne fut nullement ému de cette algarade, et, s'il avança plus tard le moment de la sortie, ce fut par une mesure générale dont tout le monde bénéficia [1].

Quoiqu'il fût moins souple, et aussi moins autoritaire que M. Bersot, il avait pris sur les élèves autant d'empire que lui. Ce qui faisait son prestige, c'était son grand renom scientifique, sa rectitude, l'élévation de son caractère, la dignité de sa vie, et par-dessus tout son dévouement à l'École. Pendant trois ans il lui sacrifia tout : ses goûts personnels, en poussant la complaisance jusqu'à donner le premier un bal où il se sentait comme dépaysé, ses joies les plus douces, en renonçant presque entièrement à ses travaux historiques [2], sa santé même, qui reçut alors une sérieuse atteinte. Il lui eût été facile de rejeter sur ses collaborateurs une partie considérable de sa besogne, surtout depuis qu'on lui avait adjoint un second sous-directeur qu'il avait librement choisi et en qui il avait pleine confiance; mais il lui fut

1. Je tiens ces détails de M. Fustel lui-même, dont je transcris le récit mot pour mot.

2. « L'École me prend tout mon temps. Je me réserve pourtant une heure et demie le matin pour mes études du moyen âge. » (Lettre du 22 juin 1880.)

impossible de s'y résigner. Soit amour de la précision, soit souci de sa responsabilité, il s'occupait des plus petits détails, et s'obstinait à examiner, à décider à peu près tout par lui-même. Il y avait dans son administration une espèce de gaucherie qui aggravait son labeur et lui suscitait mille embarras. Son prédécesseur avait été tout-puissant; quelques-uns s'en plaignaient, mais nul n'avait osé s'attaquer à lui. M. Fustel ne prétendait pas s'imposer; comme M. Bersot, disait-il, « avait le droit de le faire »; il se bornait à revendiquer sa part légitime d'influence, sachant d'ailleurs que toutes ses demandes étaient inspirées par un sentiment profond de l'équité et par l'amour du bien public. Or, il n'était pas toujours écouté en haut lieu, et il en avait un grand ennui. Par désir de restreindre la prépondérance du directeur de l'École normale plus encore que par hostilité contre sa personne, on se gênait peu dans certains bureaux du ministère et dans certaines commissions pour lui infliger des échecs que rien ne justifiait; il se trouvait même des sots pour le tourner en ridicule et le traiter comme une quantité négligeable. Malheureusement il n'était pas de ceux qu'une indifférence hautaine protège contre ces sortes de blessures; il y était, au contraire, fort sensible, et le trait qui l'avait percé demeurait enfoncé dans la plaie.

Combien de fois ne dut-il pas regretter, au milieu de tous ces tracas, son tranquille cabinet de la rue de Tournon, ses livres qu'il n'ouvrait presque plus, et sa douce existence de savant[1] ! Il avait quitté tout cela malgré lui; mais il s'était bien promis d'y revenir tôt ou tard. A la suite d'une maladie qu'il fit, il offrit sa démission, au mois d'octobre 1882. On le supplia de la reprendre; il y consentit, mais il la renouvela un an après, et cette fois à titre définitif[2]. Le nom de son successeur désigné,

1. Je lis dans une de ses lettres : « J'ai la nostalgie du travail et de l'enseignement. » Dans une autre il explique l'acceptation qu'il a faite de la fonction par « cette sorte de soif de sacrifice qui nous saisit une fois ou deux dans notre vie », et il ajoute : « Rien ne vaut le plaisir que l'on éprouve à chercher la solution d'un problème. »

2. « Quand j'ai accepté ceci, c'était avec la pensée de remplir un devoir, mais non pas avec la pensée d'y rester toujours.... Je m'étais engagé vis-à-vis de moi-même à ne pas dépasser quatre ans. » (Lettre du 22 octobre 1883.)

M. Perrot, lui était connu; il était assuré, m'écrivait-il, qu'après lui « l'École ne courrait aucun risque »; il n'éprouvait donc « aucun scrupule à se retirer ». Dans une lettre qu'il lui envoya à cette occasion, M. Jules Ferry, alors ministre de l'instruction publique, lui exprima « sa haute estime pour les éminents services qu'il avait rendus » à cette maison, et « ses regrets très vifs » de ne pouvoir empêcher son départ.

Ce fut pour lui une véritable délivrance. Il retourna avec bonheur à la Sorbonne, à son enseignement, à ses études. La science, qu'il avait un moment délaissée, semblait avoir pour lui un charme tout nouveau; il se voua à elle sans ménagement. Les six années qu'il vécut encore furent très fécondes. Tandis que dans la période comprise entre 1870 et 1883 il n'avait publié que le tome I de ses *Institutions* et divers mémoires ou articles de revue, de 1883 à 1889 il publia les *Recherches sur quelques problèmes d'histoire, la Monarchie franque, l'Alleu et le domaine rural.* En même temps il écrivait sur le *Bénéfice* un volume qui parut peu après sa mort, et il recueillait d'abondants matériaux pour la refonte complète de celui qui traitait de l'Empire romain et des invasions [1].

On a attribué cette fougue d'activité à un motif intéressé. « Il voyait, a-t-on dit, investi peu à peu par ses concurents le terrain où il s'était établi. Tandis qu'il s'attardait à ses opérations de siège et se laissait tenter par les sorties, des œuvres rivales de la sienne s'élevaient aux alentours et la place qu'il disputait si vaillamment était comme entreprise de tous les côtés à la fois [2]. »

C'est, à mon avis, mal connaître le caractère de M. Fustel que d'expliquer ce redoublement d'ardeur par le désir d'aller plus vite que ses confrères en érudition. Nul n'a été moins jaloux que lui des travaux d'autrui. Loin de vouloir se réserver la possession exclusive du domaine qu'il fouillait avec tant d'acharnement,

1. Il songeait également à remanier la *Cité antique*. « J'ai toujours le désir de refaire une nouvelle édition in-8, qui soit au courant des travaux récents et où les notes soient plus abondantes. J'espère que ce sera bientôt. » (Lettre du 26 octobre 1884.)

2. Albert Sorel, *Notice*, p. 31-32.

il conviait à la même tâche tous ceux qui se croyaient de force à s'y associer. Il savait bien qu'il aurait toujours quelque chose à dire après eux, et, quand même il n'aurait pas nourri cet espoir, il aimait trop la science pour s'alarmer du concours que de bons esprits pourraient lui prêter.

S'il parut désormais se hâter davantage, ce fut en réalité parce qu'il bénéficiait maintenant du long et patient labeur des vingt années précédentes. Il commençait, suivant sa propre expression, « à avoir beaucoup d'acquis »; son talent était dans toute sa plénitude; sa méthode était devenue plus exacte et plus rigoureuse; bref, il se trouvait admirablement préparé pour exploiter le riche fonds de faits et d'idées qui s'était formé en lui.

Le malheur est que sa santé ne répondit pas à son ambition. A dire vrai, elle n'avait jamais été bien solide. Déjà à Strasbourg il se plaignait de ses névralgies, de ses accès de fièvre, de l'extrême fatigue qui l'accablait au mois de juillet, de la dure nécessité qui par moments le condamnait à fermer ses livres. A

Paris il y eut d'abord une amélioration sensible ; mais, comme il s'imposait un travail assidu de huit à dix heures par jour, qu'il se refusait tout exercice physique, tout repos, même pendant les vacances, qu'il ne donnait aucun relâche à son esprit toujours tendu par l'étude, son corps finit par s'user. Étant directeur de l'École normale, il eut une crise assez grave qui inquiéta sérieusement son entourage. Néanmoins il se soutint encore, malgré une toux opiniâtre qui le lassait et l'énervait de plus en plus. Il aurait dû s'astreindre alors à un régime plus raisonnable et mieux approprié à son état. Jamais, au contraire, il ne fut plus âpre à la besogne. On eût dit qu'un pressentiment secret l'avertissait de sa fin prochaine et l'invitait à produire d'urgence tout ce qu'il avait découvert de vérités. Il alla passer deux hivers consécutifs à Cannes et à Arcachon ; mais il eut soin d'emporter avec lui ses livres et ses notes, pour y achever chaque fois un volume.

Quand il revint du Midi au mois d'avril 1889, il était visible que ses jours étaient comptés. Il s'installa bientôt dans la maison de campagne qu'il possédait à Massy, et dès lors il ne quitta guère son lit, tout en continuant de travailler.

Le hasard m'ayant fixé pour les vacances dans son voisinage, j'ai assisté de près aux progrès de sa maladie. Au commencement d'août, il se faisait encore de grandes illusions; il craignait seulement de ne plus pouvoir remonter dans sa chaire; mais quelques semaines après, il se sentit perdu. Il attendit la mort avec résignation. Il tenait pourtant à la vie, non pour lui, mais pour sa famille dont il était l'orgueil, pour la science à laquelle il devait ses joies les plus vives, pour son œuvre qu'il regrettait de laisser interrompue. Il s'intéressait toujours à ses amis; il songeait à l'École normale, qui n'avait jamais cessé d'avoir ses préférences. Il garda jusqu'au bout toute sa lucidité d'esprit, et il est doux de penser que cette belle intelligence ne s'est éteinte qu'avec la vie.

Je le vis pour la dernière fois le 9 septembre. Sa langue était épaisse et sa parole confuse; la mort évidemment planait déjà sur lui. Il souffrait peu, sauf dans ses quintes de toux;

il se plaignait surtout d'être anéanti. « Si vous voulez me revoir, me dit-il, ne tardez pas trop. » Il mourut le jeudi 12 septembre, à onze heures du matin. Bien qu'on fût au milieu des vacances, plusieurs de ses confrères de l'Institut, de ses collègues de la Sorbonne, de ses anciens camarades et de ses élèves, accoururent autour de son cercueil. Par son ordre exprès, aucun discours ne fut prononcé sur sa tombe.

Dans une note antérieure de quelques années, il avait déterminé lui-même le caractère qu'auraient ses funérailles. Je cite ces lignes, parce qu'il me semble que son âme s'y peint tout entière : « Je désire un service conforme à l'usage des Français, c'est-à-dire un service à l'église. Je ne suis, à la vérité, ni pratiquant, ni croyant; mais je dois me souvenir que je suis né dans la religion catholique et que ceux qui m'ont précédé dans la vie étaient aussi catholiques. Le patriotisme exige que si l'on ne pense pas comme les ancêtres, on respecte au moins ce qu'ils ont pensé. »

CONCLUSION

S'il fallait à tout prix trouver un terme pour définir M. Fustel de Coulanges, nul peut-être ne conviendrait mieux que celui de distinction.

La distinction apparaissait jusque dans sa personne extérieure, dans ce corps long et amaigri, dans ce front large et haut, dans ce nez effilé, dans ces yeux petits et vifs, dans ces lèvres minces, dans cette voix faible, mais claire et fine, dans cette tenue un peu gauche, mais exempte de toute vulgarité.

Il avait une âme honnête, fière et droite. S'il désapprouvait les choses dont il était témoin, sans pouvoir les empêcher, il s'enfermait dans un silence dédaigneux qui était de sa part la pire des condamnations. Mais s'il espérait que son intervention serait efficace pour conjurer une injustice, il ne craignait pas de s'engager à fond avec une ténacité douce et patiente que rien ne rebutait. Scrupuleux observateur de tous ses devoirs, il apportait presque autant de soin dans les interrogations du baccalauréat ou dans la vérification des dépenses de l'École normale que dans ses recherches d'érudition. On ne le vit jamais flatter les puissants ni s'humilier devant eux; il aimait mieux rester à distance dans une attitude correcte et digne. Si âpre que soit aujourd'hui la lutte pour la vie, il ne demandait ni aux relations mondaines, ni aux coteries, ni à l'intrigue, ni au charlatanisme ses moyens de succès; il ne comptait que sur son talent. Professeur à la Sorbonne, directeur d'une de nos grandes écoles, membre de l'Institut, il s'est élevé facilement au sommet de la hiérarchie universitaire et intellectuelle parce qu'il était là pour ainsi dire à sa place nécessaire, et cela non plus n'était point banal.

Est-il besoin d'ajouter que sa manière d'entendre l'histoire et la méthode historique n'était pas celle de tout le monde? Il n'a certes pas eu la prétention de renouveler de fond en comble la connaissance de l'antiquité et du moyen âge. Mais ses détracteurs eux-mêmes sont obligés d'avouer qu'il y a creusé profondément son sillon et qu'aucune œuvre n'est plus *suggestive* que la sienne. La répugnance qu'il éprouvait à souscrire de confiance aux opinions reçues, le souci qu'il avait de tout étudier dans les sources, la tendance invincible de son esprit à tenir d'abord pour suspectes la plupart des affirmations de ses devanciers, n'étaient que l'indice, ou, si l'on veut, l'excès de sa puissante originalité. Même quand il répétait les théories à la mode, il lui arrivait fréquemment de les présenter sous un jour imprévu, de les établir par des arguments plus solides, parfois aussi de les outrer quelque peu, ne fût-ce que par le tour paradoxal de la forme. C'était chez lui l'effet non d'un dessein prémédité, mais d'un penchant naturel.

La distinction conduit souvent au scepticisme et à la stérilité. Il n'est pas rare que l'horreur des sentiers battus nous égare au milieu des broussailles. A force de viser à l'originalité, on finit par s'abandonner à l'erreur; à force de raffiner ses idées, on finit par douter de tout. M. Fustel avait une intelligence trop robuste pour glisser dans ce travers. S'il était original, il n'aspirait guère à l'être; s'il se jetait à la poursuite de la vérité, c'était avec le ferme propos de l'atteindre, et quand il l'avait saisie, il ne la lâchait plus. Ce n'est point que sa besogne lui parût aisée. « Ceux qui croient tout savoir, disait-il, sont bien heureux. Ils n'ont pas le tourment du chercheur. Les demi-vérités les contentent; les phrases vagues les satisfont. Ils sont sûrs d'eux-mêmes; ils marchent la tête haute; ils sont des maîtres et ils sont des juges. » M. Fustel n'avait pas tant d'assurance ni tant de présomption. En histoire il n'apercevait pas une seule question qui fût facile à résoudre. Une voix intérieure lui criait sans cesse : « Va plus avant! tu n'as pas encore trouvé le vrai [1]. » Mais plus la tâche lui semblait rude, et plus il s'appliquait à la bien remplir.

1. Inédit.

Toujours penché sur ses documents ou plongé dans ses méditations, il ne détachait jamais sa pensée de ses sujets d'étude et il considérait comme perdu le temps qu'il leur dérobait. Même dans ses années de maladie, même sur son lit de mort, c'était là ce qui le préoccupait le plus.

On admire avec raison l'homme qui se sacrifie pour sa foi. Ne méritent-ils pas la même vénération, ceux qui se sacrifient pour la science, ceux qui s'immolent non pas pour une vérité venue du dehors, mais pour une vérité qu'ils tirent d'eux-mêmes? La science a été la religion de M. Fustel, et elle a fait de lui un martyr. Il savait bien que son labeur imprudent le tuait; mais il n'avait pas le courage de se modérer. « On est lancé, disait-il; une longue vitesse acquise est derrière vous qui vous pousse, et l'on est comme incapable de s'arrêter[1]. » C'est pourquoi il a succombé littéralement sur le champ de bataille, ayant presque la plume à la main, pareil à un soldat blessé qui étreint encore son arme au moment d'expirer.

1. Lettre du 16 août 1888.

Sa vie modeste, austère et ennemie du bruit, est une des plus belles qu'il y ait. Quel sort enviable que celui d'un savant qui laisse après lui des élèves, des découvertes durables, des livres dont plusieurs sont des chefs-d'œuvre, et par-dessus tout le renom qui s'attache à un amour si profond et si fécond de la science! Une gloire si noble, alors même qu'il faut l'acheter par quelques souffrances et par une mort prématurée, n'est pas trop chèrement payée. Combien d'autres, à la place de M. Fustel, auraient arrangé leur existence tout différemment! Quant à lui, au risque de se donner les apparences d'un naïf qui se laisse duper par des chimères, il a toujours ignoré les habiletés de l'égoïsme et les calculs de l'intérêt, et, à envisager l'ensemble de sa carrière, il est certain qu'il n'a pas choisi la plus mauvaise part. Il a pu à sa dernière heure se louer de la façon dont il avait compris ses devoirs d'historien et d'honnête homme, et sa mémoire n'a pas à craindre que ce témoignage suprême de sa conscience soit démenti par la postérité.

LISTE CHRONOLOGIQUE

DES ŒUVRES DE FUSTEL DE COULANGES

Mémoire sur l'île de Chio (*Archives des missions scientifiques et littéraires*, 1856); réimprimé dans les *Questions historiques*.

Quid Vestæ cultus in institutis veterum privatis publicisque valuerit (Thèse de doctorat, 1858).

Polybe ou la Grèce conquise par les Romains (Thèse de doctorat, 1858); réimprimé dans les *Questions historiques*.

Leçon d'ouverture du cours d'histoire de la Faculté des lettres de Strasbourg (1860).

La cité antique (Paris, Durand, 1864). La 7e édition (Hachette, 1879) a été revue et augmentée.

Compte rendu de l'*Histoire des chevaliers romains* de Belot (*Revue de l'Instruction publique*, 1868-1869); réimprimé dans les *Questions historiques*.

L'Allemagne est-elle allemande ou française? (Paris, Dentu, 1870); réimprimé dans les *Questions historiques*.

Les institutions militaires de la République romaine et leurs rapports avec les institutions politiques (*Revue des Deux Mondes*, 15 novembre 1870).

La politique d'envahissement : Louvois et M. de Bismarck (*Revue des Deux Mondes*, 1er janvier 1871); réimprimé dans les *Questions historiques*.

L'organisation de la justice dans l'antiquité et les temps modernes (*Ibid.*, 15 février, 15 mars, 1er août, 1er octobre 1871).

Les libertés communales en Europe (*Ibid.*, 1er juillet 1871).

L'invasion germanique au Ve siècle (*Ibid.*, 15 mai 1872).

De la manière d'écrire l'histoire en France et en Allemagne (*Ibid.*, 1er septembre 1872); réimprimé dans les *Questions historiques*.

Les origines du régime féodal : I. *La propriété foncière dans l'Empire romain et dans la Société mérovingienne.* — II. *Le patronage et la fidélité* (*Ibid.*, 15 mai 1873 et 1er août 1874).

Histoire des institutions politiques de l'ancienne France : — PREMIÈRE PARTIE : *L'Empire romain, les Germains, la royauté mérovingienne* (Paris, Hachette, 1874). La 3e édition de ce volume a formé les trois volumes suivants : *La Gaule romaine*; — *L'invasion germanique et la fin de l'Empire*; — *La monarchie franque*.

Étude sur les origines du régime féodal (*Compte rendu de l'Acad. des sc. mor.*, 1874 et 1875, t. CII et CIII).

Rapport sur le concours relatif à la noblesse en France et en Angleterre (*Ibid.*, 1875, t. CIV).

Les institutions politiques au temps de Charlemagne (*Ibid.*, 1876, t. CV et CVI).

De l'inégalité du wergeld dans les lois franques (*Revue histor.*, 1876, t. II); réimprimé dans les *Nouvelles recherches*.

Présentation à l'Académie des sc. mor. de la *Revue historique* (*Compte rendu*, 1876, t. CVI).

De la confection des lois au temps des Carolingiens (*Revue hist.*, 1877, t. III).

Rapport sur Foncin, *Essai sur le ministère de Turgot* (*Compte rendu*, 1877, t. CVII).

Présentation de Luchaire, *Alain le Grand* (*Ibid.*, 1877, t. CVIII).

Les impôts au Moyen Age (*Revue des Deux Mondes*, 1er février 1878).

Présentation de Hémon, *Éloge de Buffon* (*Compte rendu*, 1878, t. CX).

Leçon d'ouverture du cours d'histoire du moyen âge à la Sorbonne (*Revue politique et littéraire*, 8 février 1879).

La question de droit entre César et le Sénat (*Journal des savants*, juillet 1879) ; réimprimé dans les *Questions historiques*.

L'enseignement supérieur en Allemagne (*Revue des Deux Mondes*, 15 août 1879).

Recherches sur le tirage au sort appliqué à la nomination des archontes athéniens (*Nouvelle Revue historique du droit*, 1879); réimprimé dans les *Nouvelles recherches*.

Comment le druidisme a disparu (*Compte rendu de l'Acad. des sc. mor.*, 1879, t. CXII. Cf. *Revue archéologique*, 1880, t. XXXIX); réimprimé dans les *Nouvelles recherches*.

Présentation de Vast, *Le cardinal Bessarion* (*Compte rendu*, 1879, t. CXI).

Présentation de Chéruel, *Histoire de France pendant la minorité de Louis XIV* (*Ibid.*).

Présentation de Karéiew, *Étude sur les paysans français au XVIIIe siècle* (*Ibid.*, 1879, t. CXII).

Étude sur la propriété à Sparte (*Ibid.*, 1880, t. CIII et CIV); réimprimé dans les *Nouvelles recherches*.

Discours prononcé aux funérailles de M. Bersot (*Journal des Débats*, 15 mars 1880).

Discours prononcé aux funérailles de M. Thurot (1882).

Étude sur l'immunité mérovingienne (*Revue historique*, 1883, t. XXII et XXIII. Cf. XXIV et XXV).

Présentation de Lagrèze, *La Navarre française* (*Compte rendu de l'Acad. des sc. mor.*, 1883, t. CXIX).

Présentation de Chéruel, *Histoire de France sous le ministère de Mazarin* (*Ibid.*, 1884, t. CXXI).

Présentation de Luchaire, *Histoire des institutions monarchiques de la France sous les premiers Capétiens* (*Ibid.*).

L'École normale (*Ibid.*).

Recherches sur quelques problèmes d'histoire (Paris, Hachette, 1885).

Le colonat romain.
Du régime des terres en Germanie.
La marche germanique.
L'organisation judiciaire dans le royaume des Francs.

Recherches sur cette question : Les Germains connaissaient-ils la propriété des terres? (*Compte rendu*, 1885, t. CXXIII et CXXIV).

Présentation de Beauchet, *Histoire de l'organisation judiciaire en France* (*Ibid.*, 1886, t. CXXV).

Présentation de Bazin, *La vie de Lycurgue et le traité de Xénophon sur la République des Lacédémoniens* (*Ibid.*).

Observations sur un ouvrage de M. de Laveleye intitulé : La propriété collective du sol en divers pays (*Ibid.*).

Le domaine rural chez les Romains (*Revue des Deux Mondes*, 15 septembre et 15 octobre 1886).

Étude sur le titre « de migrantibus » de la loi salique (*Revue générale du droit*, 1886. Cf. *Réponse à M. Viollet* dans la *Revue critique* du 11 octobre 1886) ; réimprimé dans les *Nouvelles recherches.*

Notice nécrologique sur E. Belot (*Revue hist.*, 1886, t. XXXII).

Quelques remarques sur la loi dite des Francs Chamaves (*Compte rendu*, 1887, t. CXXVII); réimprimé dans les *Nouvelles recherches*.

De l'analyse des textes historiques (*Revue des questions hist.*, Janvier 1887; *Réponse à M. Monod*, Avril 1887).

Discours prononcé aux funérailles de M. Paul Pont (*Compte rendu*, 1888, t. CXXX).

Discours prononcé dans la séance du 21 avril 1888 (*Ibid.*).

La monarchie franque (Paris, Hachette, 1888).

Le problème des origines de la propriété foncière (*Revue des quest. histor.*, Avril 1889); réimprimé dans les *Questions historiques*.

L'alleu et le domaine rural pendant l'époque mérovingienne (Paris, Hachette, 1889).

Les origines du régime féodal : le bénéfice et le patronat (Paris, Hachette, 1890).

Nouvelles recherches sur quelques problèmes d'histoire (Paris, Hachette, 1891).

Recherches sur le droit de propriété chez les Grecs.
Recherches sur le tirage au sort des archontes athéniens.
Comment le druidisme a disparu.
Les titres romains de la monarchie franque.
Recherches sur quelques points des lois barbares.
Les articles de Kiersy.

La Gaule romaine (Paris, Hachette, 1891).

L'invasion germanique et la fin de l'Empire (Paris, Hachette, 1891).

Les transformations de la royauté pendant l'époque carolingienne (Paris, Hachette, 1892).

Questions historiques (Paris, Hachette, 1893).

De la manière d'écrire l'histoire en France et en Allemagne.
Le problème des origines de la propriété foncière.
Polybe ou la Grèce conquise par les Romains.

Mémoire sur l'île de Chio.
Questions romaines.
Questions contemporaines.

Tous les volumes parus après 1889 ont été édités par les soins de M. Jullian, qui s'est acquitté de cette tâche avec autant de discrétion que de zèle.

En 1888, l'Académie des sciences morales a décerné à l'œuvre historique de M. Fustel de Coulanges le prix Jean Reynaud, et, en 1891, l'Institut lui a décerné le grand prix biennal, sur la proposition de l'Académie française.

R.F.

TABLE DES MATIÈRES

R.F.

Coulommiers, — Imp. Paul BRODARD, — 434-96.

www.ingramcontent.com/pod-product-compliance
Lightning Source LLC
LaVergne TN
LVHW020552230826
846091LV00002B/461

* 9 7 8 2 0 1 9 7 2 5 0 4 4 *